善的教育

刘永志◎著

吉林人民出版社

图书在版编目（CIP）数据

善的教育 / 刘永志著. — 长春：吉林人民出版社，
2020.12
　　ISBN 978-7-206-17846-7

　　Ⅰ. ①善… Ⅱ. ①刘… Ⅲ. ①德育—教学研究—中小
学 Ⅳ. ①G631

中国版本图书馆CIP数据核字（2020）第246991号

善的教育
SHAN DE JIAOYU

著　　者：刘永志　　　　　封面设计：言之凿

责任编辑：王一莉

吉林人民出版社出版发行（长春市人民大街7548号　　邮政编码：130022）

印　　刷：北京政采印刷服务有限公司

开　　本：787mm×1092mm　　　1/16

印　　张：14.5　　　　　　字　　数：261千字

标准书号：ISBN 978-7-206-17846-7

版　　次：2022年6月第1版　　　印　　次：2022年6月第1次印刷

定　　价：45.00元

如发现印装质量问题，影响阅读，请与出版社联系调换。

善的教育，至善的教育，就是培养善性的教育，是完善自我的教育。

　　培养善性，就是培养人善良的品性。《孟子·告子》（上）曰："人性之善也，犹水之就下也。"任何人只要在适当环境和教育的影响下，都可以扩充天赋的善端。梁启超在《孟子之教育主义·性善论》中说道："盖性本善，能常存其善性使勿失，常养其善性以日长，斯人格具矣。"希腊哲学家亚里士多德认为，幸福就是至善。至善，就是追求幸福、培养善性、追求善良的至高境界。修身、育人，都必须达到这种至高境界而毫不动摇。与人为善、教人向善就是我们追求的至高境界。

　　"大学之道，在明明德，在亲民，止于至善。"朱熹在《大学章句》中解释说："止者，必至于是而不牵之意；至善，则事理当然之极也。言明明德、亲民，皆当至于至善之地而不迁。"要达到这个境界，我们需要不断学习，了解事物的本质和原理，更需要用自己学到的知识和本领帮助更多的人，不断成长，完善自我，追寻尽善尽美，追求幸福人生。

　　从懂事以来，我每时每刻均不敢忘记父母一直以来的教诲，做一个善良诚实、能够帮助他人的人。参加工作以来，我不断实践和反思，致力于追求人生的至善境界。从事教育工作25年，我认定教育的本质是育人至善，和学生一起学习、一起成长，致力于追求教育的至善境界。有幸成立工作室，我和老师们一起学习、一起研究、一起开展活动，致力于追求专业成长的至善境界。

　　孔子教诲我们在社会中要有担当精神，庄子暗示我们要活得有境界。教师的人生应该有更多的担当与非凡的境界。在聆听圣贤先哲的教诲中，在导师的循循善诱中，在家人、朋友、同事的鼓励支持下，我逐渐明确了人生前进的方向，逐渐清晰了人生目标：志善、致善、至善。

　　修己以敬，为人志善。自我修炼是立身之本。通过阅读，向贤人、哲人、伟人学习为人处世之道，结合生活、学习和工作情况，不断反思个人的成长经历，静心思索，提高修养，以达"有为、能为"之目的，实现"修己达人，尽善尽美"的至善境界。

修己安人，育人致善。教育的道路上需要实践与反思，需要研究与创新。在与学生一起学习的过程中，不断反思教育教学效果，不断结合先进的教育教学理念改进教育教学方法，提高教育教学效能，提炼育人之道，以达"培育、化育"之目的，实现"成人之美、成己之善"的至善境界。

修身立德，助人至善。立德树人，是每个教育人的使命。专业上的成长有利于完成这个光荣的使命，也需要团队中每个人的共同努力与付出。在共同的愿景中，在共同的目标下，我与工作室和研究会的老师共同探索专业发展模式，一起奋斗，敢想善做，务实创新，以达"助人、助己"之目的，让更多的班主任有更完备的知识、更先进的育人理念来帮助学生健康成长，实现"成就他人，丰盈人生"的至善境界。

善的教育，至善的教育，培养善性，修身中改善自我，在育人中成就学生，在前行中共同进步，完善自我。在追求卓越、追求完美的道路上，让我们一步一步走向至善。

至善，虽难及，心仍向往之！

目录

中　篇　育人致善

下 篇　助人至善

为人志善

君子莫大乎与人为善。

——孟子

乐于阅读、勤于思索、敢于实践、志于至善、修己以敬，以达"有为、能为"之目的，实现"修己达人，尽善尽美"的至善境界。

第一章　读书感悟

能静下来读书是一件幸福的事。一本书，一杯茶，慢慢品尝，细细品味，久久回味，其乐无穷！读书后写下心得激励自己、鼓励自己、鞭策自己，反思自己的言行举止、待人处事、工作方式、教育措施和教学技巧，静思敏行，提高修养。

腹有诗书气自华

2010年3月，为鼓舞中考百日冲刺的同学们，我特地请在北京大学读书的一位学生给全班同学写了封信。在信中，她鼓励同学们坚持所选，好好读书，一定能拨开迷雾，走出一条属于自己的路！受她影响，同学们在接下来的一百天里发奋拼搏、勤学苦练，中考取得了辉煌成绩。

这位学生是一个比较特别的学生，有自己的想法，做事很专注，不容易受人影响，不但在学习上一直是第一名，而且在插花、朗诵、物理小制作等比赛中也都获得一等奖。在班里，她是学习委员，有绝对的权威，同学们对她有一种敬畏，佩服她、羡慕她，并且想偷偷地赶超她，但每次都落败下来，班级里你追我赶的气氛相当浓厚。

我为自己有一个如此聪明伶俐而又有霸气的学生感到骄傲。

之后，我再次邀请她写信鼓励同学。两次来信都提到，她不仅学习很勤奋，还不断参加各种各样的社会活动，丰富自己的课外知识，为进入社会、参加工作做好准备。回想自己读大学的情景，我感到非常惭愧，浪费了太多的时间，知识的积累只停留在原始阶段，没有进一步提升自己，也没有有意识地参与学校的一些活动，错过了锻炼自己社交能力、组织能力和表达能力的大好时机。

参加工作多年，我积累了一定的教育教学经历，但又进入到瓶颈期，无法突破固有模式。原本以为人生也不过如此，但看了她的信，我方才知道，一个人要进步，就得不断进取、不断学习，多读书、多交流，以坚韧不拔的毅力不断完善自己。要知道，当自己在胡思乱想时，别人正在计划远大的理想；当自己坐在舒适的沙发上看电视时，别人正在埋头苦读；当自己拿手机刷视频的时候，别人正在勤奋耕耘；当自己百无聊赖的时候，别人正按部就班地学习着、工作着……

我当即下定决心：要读书，多读书，提升自己，走专业发展的道路。

要读书，先买书。2010年到2019年，我陆陆续续买了许多书，主要集中于史评、教学、教育、励志、心理、人物传记和哲学等类型，并开始阅读。

读书，真的带来了许多好处。

一、朗读者

女儿希希很喜欢我买给她的卡通书、漫画书和故事书，每天睡觉前都要听五六个故事才肯睡。时间长了，她也能复述几个自己特别喜爱的故事，如《白雪公主》《阿基米德的故事》《灰姑娘》等，同时养成了爱听故事的好习惯。

"爸爸，读文章呀！"

"好的！小喇叭节目开始广播了。"

希希高兴地爬上床，躺下，盖好被子，睁大眼睛望着我，安静地听我朗读文章。

希希一岁多就开始看童话故事，看不懂文字，就要求我解释给她听。从此，我又多了一个角色——朗读者。

　　每一个故事，希希都要完全听明白了才允许我讲第二个故事。一个故事讲五六遍，一天晚上五六个故事是最低要求。朗读的时候，我语速适中，声线温柔，声音随不同角色的个性特点变化，同时耐心解释词语。故事讲完后，我提示故事的意义所在，要希希理解故事主人公的行为正确与否，问希希学到了什么。有时，我还要将一些简单的英语词汇加入故事中，帮助希希复习在幼儿园学习的英语词汇。

　　每天晚上，希希都听得津津有味，而我讲得口干舌燥，却又乐此不疲。

　　《白雪公主》是希希最喜爱的故事之一。很快，希希就可以把故事完整地讲述出来。在得到我的肯定认可后，她欢喜得鼓掌自夸。后来，希希幼儿园毕业时，已经可以脱稿主持；一年级时，她一个星期内连续三次参加讲故事表演；二年级主持学校的活动显得自然、大方、得体，表述清晰、流畅……

　　得益于孩子天生的模仿能力，家长的言传身教对孩子的成长发挥了巨大作用。孩子美好的童年来自于父母无条件但有原则的爱，来自于父母恰当的方式和正确的行为的影响，孩子纯洁的心灵需要父母感性和理性的爱的滋润。

　　父母对孩子的教育不需要刻意安排，自然的、随意的、随时的、随性的言谈举止与相处陪伴，就是对孩子最好的教育。

　　朗读者，就是最好的角色之一。父母朗读的文章、讲述的故事，大量的语言输入为孩子储备了相当数量的语言素材，为数众多的人物、动物角色为孩子认识、了解世界百态做好了铺垫，优美精彩的写作描述手法为孩子提供了正确表达的范例。朗读时与孩子的相伴，让孩子感受到父母爱的力量、爱的温度、爱的方式。在爱的港湾里，有安全感、舒适感、满足感的孩子才能过上诗意的童年生活。

　　"希希，你听懂了爸爸读的文章吗？"

　　"当然听懂了！"

　　我乐于做一个朗读者，一举多得，何乐而不为呢？

　　孩子的世界，因我们的参与，才能更丰富多彩、更绚丽多姿、更快乐无比！

　　让我们一起做一个朗读者吧！

二、读书，人生的加油站

我从读书中受益良多，人生也发生了很大的变化，逐渐悟出了与人为善、教人向善的道理。我看书时不忘反思自己的人生，不断改进自己为人处世的态度，教书不忘勤勤恳恳地育人，不断实践、尝试多种方法帮助学生健康成长。

我读书有个习惯，要读两遍。第一遍，边看边划线，将自己认为重要的、有用的句子标记出来；第二遍，将这些句子抄写在自己的手抄本上，以备日后写文章时参考。书看得多了，自然就有自己的想法，对教育教学有自己的主张，再结合平时的工作反思总结，提炼出新观点。以前很害怕写作的我，竟然"拼凑"出很多文章。

碰到喜欢读的书，我一两天就能读完，碰到比较厚的，就慢慢欣赏。而关于班主任工作的工具书，我则是边读边反思，对照专家的要求，检讨班主任工作中存在的问题。

读书，除了开阔眼界、充实自己外，还可以和学生分享，让他们了解老师的观点和想法。在看了一部关于特种兵的书后，我写了读后感《一个特种兵教给我们的》，利用班会读给学生听，让他们感受特种兵的非凡意志力和过人的专业技能，激励他们培养不怕苦、不怕累、迎难而上的拼搏精神。在名人传记的读后感里，我告诉学生，大多数人缺乏的正是追求完美和誓不罢休的毅力，在个人发展上找不到应有的动力，缺失了方向。

学生在我的读后感里有所思、有所悟……

三、和学生一起"悦"读

我还要求学生和我一起读书。为培养学生的阅读习惯，我制订详细的读书方案，召开阅读动员会，邀请书店进校园展览书籍，邀请语文老师指导学生掌握阅读方法，推荐阅读书目，争取家长配合，开展睡前阅读，制作手抄报，等等。

在班里，我还鼓励学生捐书，精心布置读书角，有书、有花、有鱼，营造了教室读书的氛围。自修课，我鼓励学生阅读、交流心得。寒暑假，我鼓励学生写读书心得，回校后交流分享。

　　小浩同学在分享自己阅读《神秘岛》的心得时说："这本书让我真真正正地感受到了生命的力量。书中的主人公们凭自己极强的信念、渊博的知识，赤手双拳制造出了玻璃、无线电、火药……还建造出了一个屋子。'世上无难事，只怕有心人。'当时，五名主人公不幸遇难，但其他人没有放弃活下去的希望，最终努力回到了家乡。所以，一件事是否成功，最重要的取决于一个人的信念。我们遇到困难时，不能退缩，不能被心中的恶魔打倒，要昂首挺胸，要勇往直前，心中牢记'我能行'，而不是'我不行'。"

　　小彬同学在分享他阅读《骆驼祥子》的心得时说："祥子是一个努力的人，无论是在他刚来北京城时，还是在他刚丢车时，又或大病初愈出去拉车的时候。即便是在被虎妞欺骗成亲后，他也执着于拉车。所以，祥子又是一个执着的人。生活中，我们也要学习他那执着的精神，即使有一丝希望也要坚持，执着地坚持下去，不放弃、不气馁，执着做好每一件事。今天努力一点，明天努力一点，每天都努力一点，执着追逐自己的梦想，那么梦想就会一点一点变成现实。"

　　读书养才气，勤奋养运气，宽厚养大气，澹泊养志气！

　　读书改变命运，读书改变人生。读书，为人生更上一台阶增加续航的能力！

　　阅读是一件最快乐的事，阅读致乐！

　　让我们一起阅读吧！

认准方向，坚持走下去

"梦想就是不断地坚持，而坚持是失败后再来，不断地再来、再来！"这是某个著名影视明星的成功哲学。

梦想与现实的遥远距离，令许多人倒在了行进的路上，而这位影视明星却是一位实现自己梦想的励志榜样。

"人应该有梦想，万一实现了呢？"这位影视明星从小就梦想着能做个演员，在心底里"我是个演员"的信念支撑下，从跑龙套开始，总是抱着要把戏演好的想法，不断努力，最终跻身为演而优则导的大导演，为我们奉献了一部部由他内心世界产生的华语影坛堪称神级的电影。

托尔斯泰说："人类的信仰在于自强不息地追求完美。"人类在追逐梦想中慢慢走向进步、走向成熟、走向成功、走向完美。作为一个平凡人，我们需要学会认准自己的发展方向，坚持不懈地走下去，成功就在前方等待着我们。

要认准方向，我们必须找到自己喜欢做的事。这位影视明星中学毕业后，曾经在船务公司工作过，还当过茶楼跑堂和电子厂工人，但面对未来，他不愿随波逐流，始终不放弃年少时的梦想——做一名演员。几经波折，他终于如愿以偿考入电视台的艺员夜间训练班。我们应该坦诚地选择自己感兴趣的事、自己乐意做的事，只有真心喜欢，才能认真地把每一件事都做好。把每一件事都做好，我们离成功也就不远了。

认准了发展方向，准备为梦想而拼搏的时候，我们需要有一种信心和毅力，"吸收行动与内心之间存在着的那种对抗、对立的力量"，化解行进过程中的疑难和困惑，清除行进道路上的障碍。

"每个人都等待过，我甚至等待了很久，但我一直都有信心。"这位影视明星说。

当我们鼓足干劲、攒足勇气追逐梦想时，横亘在前进道路上的障碍会打击我们的雄心壮志。首先袭来的是自己行动与内心之间的对抗力量，脑海会想象出无数的困难，出现劝告自己放弃的声音，显现备受煎熬的惨状，涌现失败的场景，从而怀疑自己的实力、勇气和毅力。这是追逐梦想路途上需要跨过的第一步，如果不能战胜自己内心的恐惧和焦虑，梦想就会倒在起点上，这也是大多数人失败的原因。万事开头难，只有认真缕清头绪，勇敢地与内心对话，克服内心的胆怯，并充分预设可能会出现的困难，做好思想准备，水来土掩，兵来将挡，做好行动规划，分清主次，逐层深入，按部就班，一步一个脚印，一步一个台阶，才能聚沙成塔、水到渠成。

紧随而来的，是前行中的实际困难。如果此时因胆怯而退缩，将会前功尽弃。"这世间本就没那么多的幸运，有也是不断努力积攒而来的。"困难的存在是对我们的考验，是梦想实现前必须跨过去的坎，只要勇敢、坚强地跨越每一道坎，我们的能力才能提升到另一个层次，这道坎就成了我们前进的阶梯。来到更高的平台，就可以领略到不同于以往的风景，这是最好的奖赏和激励。

孤身前行，也许会倍感凄凉、无助和无奈。我们不妨考虑结伴同行，有相同志向的人一起，在危机到来时，搀扶着前行，会更有力量，也能走得更远。聚众人力共同完成一个梦想，是现代人必备的思维方式。这位影视明星的周围，团结了一大批和他有着共同愿景的优秀人士，鼓励他、启发他、提携他、倾力相助他，大家志趣相投，为着自己喜爱的事业紧紧联合在一起，在不同时期给他莫大的帮助、支持。

"人若没有了梦想，跟一条咸鱼又有什么区别。"只有做一条逆流而上的鱼，永远朝着上游挺进，坚持下去，才能获得更多的活水，才有鱼跃龙门的机会，才有蜕变的可能。

这位影视明星的成功，和其他成功人士一样，给我们提供了一个范例，树立了一个榜样，发出了一个响亮的口号，那就是"认准方向，坚持走下去，梦想就会成真"。

追求完美的史蒂夫·乔布斯

我对乔布斯取得的骄人成绩很感兴趣，更对这样一个传奇人物感到好奇，所以买了美国著名传记作家沃尔特·艾萨克森写的《史蒂夫·乔布斯》，58万字，我断断续续读了一个多月，终于看完了。史蒂夫·乔布斯，一个极具创造力的企业领袖，使个人电脑、动画电影、音乐、移动电话、平板电脑以及数字出版等6大产业发生了颠覆性变革。

我个人认为，乔布斯的成功与他父亲对他格外的爱和他自己的独特个性有关。

乔布斯自出生就被遗弃，被一个退役海岸警卫队员收养。养父母很了解他，愿意改变自己的生活去适应他，给他特别的对待，并且在意识到乔布斯的不同寻常后有了很强的责任感，想尽办法让他学到更多东西，使乔布斯有一种自己不同于常人的感觉，而这种感觉在他的个性形成中扮演了重要角色。

每个孩子的成长都会伴随各种各样的问题，是针对问题帮助或强迫孩子解决问题，还是发现孩子的闪光点，关注孩子积极向上的自我力量和自身的性格优势，并且借助这种积极向上的力量帮助孩子对抗心理困扰，消除问题行为，这是每个父亲都要认真考虑的一个问题。

乔布斯的父亲没有因为乔布斯的任性或他是领养的孩子给他另样的眼光和歧视，而是加倍爱护他，给他传递自己很特别的感觉，让乔布斯在养父母安全的避风港里开心成长。乔布斯说："我一直都觉得自己很特别，我的父母让我觉得自己很特别。"养父会把自己对机器和汽车的热爱传给乔布斯，告诉他把柜子和栅栏的背面制作好，尽管这些地方人们是看不到的；养父会带着乔布斯到废品站寻找各种元件；养父愿意满足乔布斯的需求，因为他知道乔布斯很特别。

　　作为一个父亲，应该清楚了解孩子的个性特点，并能根据其特点加以引导，尽量提供各种有效、有利条件满足他的好奇心，使孩子得到充分的锻炼，让其能在自己感兴趣的领域中发展。应知道孩子需要什么，并能及时给予他们所需，这是一个聪明的父亲应有的素质。

　　与乔布斯的产品同样出名的是他的个性，经常让周围的人愤怒和绝望的个性。他的成功，离不开他特有的个性。

　　"乔布斯成为创造力、想象力以及持续创新的终极标志，是因为他对完美的狂热以及积极的追求。""他的个性、激情与他的产品之间是相互关联的，就好像苹果的硬件和软件一样，各为整体的一部分。"

　　一个成功人士，必定有自己独特的个性和人格魅力，以及坚定自己成功的强大内力。只要是认定正确的事情，乔布斯都会竭尽全力地完成它，即使牺牲所有一切他都在所不惜。

　　"应该尽我所能，将此生放回历史和人类思想的长河。"乔布斯说。

　　可以想象，没有了追求完美和誓不罢休的激情，我们这个时代就不可能出现iPod、iPhone、iPad等一系列科技与人性化甚至与浪漫结合在一起的产品。

　　乔布斯的独特个性更让我们懂得，一个人要成功，就必须坚持自己的风格，突出自己，让自己的个性帮助自己在个人成长、事业发展上发挥应有的作用，更要坚定自己的目标。不管出现什么样的困难、险阻，相信凭借自己的意志和毅力能顺利地完成任务。

　　看完《史蒂夫·乔布斯》，我收获颇多。对比自己，深为自己平时的软弱和摇摆不定感到惭愧。回想自己的不自信，更觉不安。一个不自信的人，无论何时何地、做任何一件事，都会陷入一种莫名的紧张中。还是要多看书、多反思、多参加各项活动、比赛，在实践中锻炼自己。

　　非常感谢沃尔特·艾萨克森写了这本书，不但让我了解了乔布斯，满足了我的好奇心，更让我懂得了世界上优秀企业家艰苦创业的奋斗精神。

　　也很感谢乔布斯先生，通过了解他的个人奋斗史，使我明白了激情在工作、学习中能够发挥巨大的作用。一个缺少了激情的人，不管在工作、学习还是待人接物上，都会变得毫无生气，注定不能得到更好的发展。

信心从参与中来

大多数人都不够自信，在与人交流中显得不自然、不大方，甚至有些怯懦。班级里部分学生也存在信心不足的现象，平时发言、回答问题和分享心得能落落大方、得体自然的很少，扭扭捏捏、左顾右盼的却很多。

信心的缺失，其一，与对自己不了解有关，不知道自己的优点，总以为自己不如人，看见别人个个能干、样样厉害，立刻觉得自己一无是处；其二，多数人通常是谦虚过了头，久而久之自卑起来，信心也被打压下去了；其三，不知道如何表现自我，埋没了自我，没有了个性；其四，参与的活动不够多。其实，多数人不主张个性张扬，养成了不愿意表现自己的习惯，总是喜欢跟在别人后面。我们小的时候被教育要听话，"乖"成了好孩子的标签，"乖"就有父母疼爱、老师表扬。

我也不例外，一个听话的孩子，从小到大对父母言听计从，顺顺利利考上大学，走上工作岗位。不过，作为一名教师，我深知自己的一言一行都会影响到学生。一个缺少创新、缺乏活力的教师，是不会教出阳光的学生的。

女儿参加区运动会羽毛球比赛，获得团体第五、个人单打第八的成绩。比赛中，我感觉她明显有些信心不足，抵触旁人的指导，害怕自己失败。害怕失败是每个人都会有的心理特质，其积极作用是促使个人发奋、迎头赶上，其消极作用是会影响到生活、工作和比赛时的正常发挥，进而影响结果。实质是过于注重结果，没能专注于过程。提高个人信心，有助于降低焦虑的负面影响。

信心在个人成长道路上起着重要作用，无论是在平时工作中遇到的挑战，还是生活中碰到的难题，都需要信心帮助自己积极面对、分析原因、寻找对策，最终成功解决问题。

信心从何处来？信心从参与中来，在参与中累积，在参与中内化成为个人品质。

皮克·菲尔在《气场》里告诉我们："人与人之间，只要气场近了，事就成了。""我们需要气场，我们要通过自身正面积极、强大向上的综合魅力，带给周围的人或事一种有益的吸引力和影响力。气场会带给我们人生的幸福和成功，帮助我们成为事业和家庭两条战线的重要角色，让我们的魅力无所不在，使我们如鱼得水、游刃有余。"气场就是我们的信心。

女儿打比赛的经历不多，积累的比赛经验不足以支撑比赛中气氛所带来的紧张情绪，导致她缺少应对不同对手的策略，只能被动挨打。

简而言之，不管是学习、工作还是生活，都需要经验的积累，都需要经验提高我们的信心，支撑我们的气场。经验来自参与，有参与才有体验，有体验才有经验可言。作为教育方法或策略，不能纸上谈兵、高谈阔论，必须以活动的形式让学生亲身体验，才能更好地感觉到真实场景带来的震撼，感受到现实与所谈、所想的差距，增加实战中稳定情绪的概率，正确评估形势，积极寻求应对策略，调动所有因素为自己服务，发挥应有水平，取得好效果。

联系到做人处事、待人接物，是同理。一个经常组织或参与各种活动的人，表现出来的是得体、自然、大方，给人一种游刃有余、潇洒大方的感觉。反之，一个甚少涉足活动的人，一旦出现在这种场合，必定会显得拘束、尴尬，给人不自在、不自然、不知所措的感觉。

"三十岁前不要怕"的训诫已成为过去，但现在开始也不迟。我从参加区教研活动着手，每次听完课，我都逼自己抓住机会发言，大胆表达自己的意见；告诫自己与他人交谈时，一定要抬起头，说话要大声，语速中等，眼睛要睁大，炯炯有神；参与讨论、分享自己的读书心得时要脱稿，而且要能打动学生，引起他们的共鸣；积极接受学校布置的任务，多上公开课；主动找陌生人打球；增加打电话联系家长的次数，既锻炼口才、胆量，又了解学生的在家情况，加强家校互动；多看书，多写文章，多朗读，练习普通话；没有准备好不发言，发言必分段、分要点；不懂的不轻易表达自己的观点，只听，注视对方的眼睛，成为一个

"演讲者"前，先做一个"倾听者"。

"气场就是不必怀疑自己的勇气，让自己相信一定可以做到最好。"昂起头，挺起胸，勇气自现，信心必现。

现在的网络时代，把一部分人永远地圈在虚拟世界里，完全放弃了与外界的交往，与他人面对面的沟通成了一件很痛苦的任务。但这个世界需要我们大胆地从幕后走到舞台上来，在明亮的荧光灯下面对所有的观众，大方地展示自己、表现自己。每个人有一个这样的舞台，能否落落大方地站上这个舞台，平时的锻炼、有意识的表现、有目的的参与就很重要了！

一个特种兵教给我们的

一位学生极力推荐我看一部关于特种兵的书，说很好。我看了内容简介，的确不错，讲了一个普通士兵在短时间内成为一名丛林侦察兵，在特种兵生涯中经历无数次生与死的严酷考验，脱下军装后，经过重重磨难，重新融入社会的经历。

看完书之后，我感慨万千。军人，在我的心目中是神秘而神圣的。从1927年的八一南昌起义到过草地、爬雪山、抗日战争，再到解放战争，无数的军人奉献出宝贵而年轻的生命。而今进入和平年代，依然有许许多多的军人为保卫我们国家，用他们坚韧的血肉之躯铸就共和国不屈的脊梁。

做一个士兵不容易，要成为一个合格的特种兵更难。

书里的主人公"猎鹰"不服输的斗志，以及对特种兵的向往，使他依然参加了特种兵的选拔，并顺利地通过了第一关，从1600多人中脱颖而出，成为能够参加训练的380人中的一员。从此，残酷的训练在等着他。晚上的15公里越野，"每天跑完后，全身酸痛，晚上累得睡不着，上厕所都蹲不下去，眼泪哗啦哗啦往下流"。接着是单兵训练，过平衡木、翻高墙、爬铁丝网、爬绳网，每天100个俯卧撑、100个引体向上、100个仰卧起坐、100个高抬腿跳、100个举枪跳蹲。端着饭菜围着一堆大粪吃饭；围着潲水桶，从里面抓饭吃；在臭水塘里吃馒头……50公里37公斤负重跑，"腿已经软了，身上的负重像山一样压在我的肩膀上，每走一步都气喘吁吁。喉咙像堵了块布，任凭怎么用力呼吸都感觉缺氧。路上，有一个战友实在跑不动了，就趴在地上号啕大哭。两个战友扯着他跑了一段，也不行了，三个人就这么在路上大声哭喊着。这是我自出生以来第一次听到的最凄凉的、最让人伤心的男子汉的哭声"。"猎鹰"几次有了想退出的念头，但别人都行，为什么自己不行？他坚持着。

这些还算简单的，接下来的训练，让他们的生理承受能力达到了极限。连续三天三夜的武装越野15公里，没有休息，除了一点点饮用水，其他吃的少得可怜，还得做大运动量的训练，圆木、战术训练、单兵训练、划船……不断有人被抬出训练场，有的稍微清醒了又挣扎着返回训练，耳边嗡嗡直响，眼前的一切事物都像飘在空中一样。

他们用自己的坚强意志挑战身体疲劳的极限，反过来，这样的极限挑战也锻炼了他们的意志力。回想我们学前教育的军训，多数学生还是可以的，4天里没有说一次苦，没有喊一次累，因为大家都知道，这难得的军训将会给自己带来课本上学不到的人生知识。

380个人被挑选进训练营，通过考核的只有87人。通过最严格的训练，成为真正的特种兵，他们成功了，战胜了自己，获得了尊严，用行动证明了他们是最优秀的。"在这里，我们无权要求别人给予我们尊严和人格，这些都要我们自己去争取。"

"上帝是公平的，你想要什么就有什么，唯一条件就是你要付出。"想要在这个社会上占有一席之地，我们要做的就是要努力，比别人付出更多，我们就会收获更多，就会得到别人的尊重。

小学毕业后，学生面对的是更多的挑战，要学的科目多了，要做的作业多了、难度大了、要求高了，不但要学好知识，还要学习各种各样的人生道理，参加活动，发展自己的兴趣爱好。有些学生不能适应，产生了畏难情绪。其实，学习的过程就是磨炼的过程。通过学习磨炼自身的综合素质，才是学生学习的真正目的。学习仅仅是手段，其真正目的是通过学习练就一种顽强的心理品质——不达目的绝不罢休的韧性，在困难面前不低头，千方百计克服困难的顽强性，以及学习时善于冷静而理智地控制自己情绪与行为的能力。

没有平时的艰苦训练，不可能成为刚强的战士。特种兵经过特训后，他们变得如蝮蛇般冷静：隐藏、伪装、等待一击制胜；如孤狼般沉着：坚韧、精确、狠毒、招招致命。加入保卫国家的神圣队伍中，他们打击武装贩毒、解救人质，经历种种生死考验，续写不朽的传奇。

　　特种兵需要的是非凡的意志力和过人的专业技能，学生需要的是不怕苦、不怕累、迎难而上的拼搏精神。我们不需要冒着生命危险跟敌人斗智斗勇，我们不需要在丛林里潜伏几天，我们也不需要在野外求生存，但我们要学习特种兵们那种不服输的斗志，学习他们的耐心、专注、坚强……

远离抱怨，积极面对人生

威尔·鲍温在他的著作《不抱怨的世界》中告诉我们，抱怨就是把焦点放在我们不想要的东西上头，所谈论的是负面的、出错的事情。而我们把注意力放在什么上头，那个东西就会扩大。当我们抱怨时，就是用不可思议的念力寻找自己说不要却仍然吸引过来的东西，然后抱怨这些新事物又引来更多不要的东西。

"我们抱怨，是为了获取同情心和注意力，以及避免去做我们不敢做的事。""抱怨就是为了寻求关注、推卸责任、引人羡慕，为欠佳的表现找借口。"

抱怨的出现，多数和事情的结局与自己的预期有差别有关。无疑，生活中充满许多变数、许多不如意，工作会碰到许多难题，有压力。其实，抱怨无济于事，不能改变既成事实，不如用积极的方法处理出现的问题。

用积极的心态面对失败。"塞翁失马，焉知非福。"失败证明自己实力的不足，打开了上升的空间，看到了自己巨大的潜力，获得再次战斗的机会。抱怨只会为自己找借口，失去战斗的勇气，从此一蹶不振，永远失去站起来的机会。

调整期望值，降低要求达到平衡。拼搏的过程中总会遇到障碍，前进的道路终会有险阻。我们要给自己一个喘息的机会，给自己一次休整的借口，给自己一个台阶，调养好身心，养精蓄锐，蓄势待发。

有竞争，就有输赢；有对比，就有等次之分。欣赏对手的实力，佩服对手的勇气，赞美对手的优秀，承认自己的不足。

我们无法改变事实，但我们可以改变我们的情绪，适应我们生存的环境。野外的小草，虽经风吹雨打，仍凭着坚强的意志屹立在大自然中；沙漠中的仙人掌，历尽干渴的煎熬，最终适应了炎热的气候，顽强地生存下来。

抱怨会阻止我们前进的步伐，抱怨会逼使我们懈怠，抱怨会诱逼我们放弃，总而言之，抱怨夺走了我们生活的阳光、色彩和动力。我们要远离抱怨、抛弃抱怨、拒绝抱怨，用自己务实的实际行动、积极上进的进取精神和阳光的精神面貌面对生活中的不如意，积极面对人生。

转山的意志

转山，即对着有灵性的大山反复绕走的仪式。藏人相信，遭遇苦难的人借此能得到罪恶的洗脱与身心的净化。转山者，必须舍却己身私欲，仅为他人祈福而行。

——《转山》

《转山》的故事中，二十四岁的年轻人谢旺霖，骑着自行车雪季绕行西藏两个月，经历着他孤独的肉体与心灵之旅。高原的寒冷、群山的陡峭、凶猛藏獒的夹击，加上食物中毒丧命的危险，以及自己内心的恐惧和软弱，旅途中的艰辛和困苦常人难以想象。而这个年轻人克服自己的脆弱，翻过了九座海拔4000米以上的大山，最终到达目的地拉萨，用自己的毅力完成了一千八百多公里的旅途。

我阅读时，为他紧张，为他欢呼，和他一起享受着心灵的历练，为他的壮举而震撼！

转山需要坚强的意志，日常工作、学习中又何尝不是这样？

许多事情没参与的时候，总觉得很容易，不屑一顾，甚至不愿提及。

还有些事情在决定前总觉得难以做到，往往犹豫不决，甚至放弃，错过太多的机会。

其实，在处理一些事情的过程中，我们体会到的不仅仅是拥有某种经历，而是终身受益的启迪。很多事情只有在完成后才发觉自己已蜕变，完成之前是不可能预见它的益处的。所以，认定了是正确的事，不妨大胆放手一搏，不必顾虑太多。走出第一步，其他的就水到渠成了。

"从内向转外向，从寡言变多话，创造另一个全新的自我。"从开始时的犹豫和摇摆到最后的勇往直前，主人公在旅途中成长起来，并用旅途中发生的故事启发我们：当跨过这一步，你或许就不是你，而是另一个真正可以冒险的人。

大胆地跨出第一步，成功就离你不远了。

第二章　培训提升

从2012年到2019年7月，我连续参加骨干班主任、名班主任和工作室主持人培训。七年时间，我从一名普通班主任成长为名班主任，除了自己的努力和坚持外，从导师处学习到积极、乐观、进取的为人处世态度，了解到教育教学前沿理论，坚定了自己走专业道路的决心和信心。

准确定位角色，做学生的同行者

2012年4月9日早上8点，广州市番禺区北片跟岗学习的23位老师准时集中到教育指导中心，在简短的动员会后，出发前往南海实验中学跟岗学习。

一、初识南海实验中学

来到南海实验中学，黄校长带领我们参观了校园。在会议室，黄校长致欢迎词后，我们找到自己的结对导师，虚心地向他们请教教育教学上的问题，为期5天的跟岗学习正式开始。

很巧，下午南海实验中学有一个《青少年心理危机的识别和干预》心理讲座，由陈老师主讲。在讲座中，陈老师先举例说明青少年存在心理危机的情况，然后解释心理危机的概念以及出现危机的原因，最后重点介绍了进行干预的方法和注意的事项。这个讲座思路清晰、内容详细、可操作性强，很实用。

讲座后，周副校长要求班主任要多与学生谈心，多组织活动，让学生感受到老师的爱。黄校长要求班主任要及时了解学生的思想动态，工作要细致，用老师博大的爱温暖学生、感动学生。

二、初访名班主任秦芳老师

跟岗第二天，我有幸向名班主任秦芳老师请教了有关班级管理的问题。

秦老师说，在班级管理中，她倾向于培养班干部，将多数班中事务交给班干部处理，自己则定期召开班干部会议，了解班级情况，并要求班干部通过讨论协商的形式解决问题，自己只给出合理建议供大家参考，充分体现了自主管理理念。

在对待学生方面，秦老师强调班主任要站在一定的高度看学生，要明确学生与老师也是人与人之间的正常交往。对于学优生，秦老师给予一定的期望，让学生朝着既定目标奋勇向前；对于中等生，秦老师会与他们一起寻找不足，并帮助他们找到解决的办法；对于中下生，要研究学生的家庭背景，取得家长的支持，挖掘潜力，捕捉闪光点，让他们看见自己的进步，体会自己的成功。秦老师认为，不要把学生问题看得太严重，学生犯错是他们成长过程中必要的人生经历，班主任要有充分的思想准备、足够的耐心和允许学生改正错误的时间。甚至可以在掌握情况的前提下，等待学生主动寻求帮助，养成学生信赖班主任的习惯，这样才能更好地开展教育工作。

在对待学生的成绩方面，秦老师认为要与家长沟通，不同家长对自己的孩子有不同的要求，了解家长对孩子发展的方向、目标、要求后，尽量配合家长开展工作，帮助学生明确目标、制订计划，和学生一起进步、成长。

秦老师在教育和班级管理上有自己的方法，更有独到的见解和理念，在班主任专业发展上，也给我提供了宝贵的经验。

三、聆听黄校长的讲座

第三天，我很幸运地参加了在南海实验中学举行的2012年南海区中小学校级后备干部培训班的讲座。本次讲座由黄新古校长主讲。

在讲座中，黄校长首先介绍了自己的成长经历，说明了南海教育的包容和大气，鼓舞、激励了在场的后备干部和我们来自番禺的老师，也让我们明白在一个宽容、民主的大环境下，只要努力、肯付出，一定会在专业发展上取得成绩。

接着，黄校长介绍了南海实验中学的三个发展阶段：制度建设艰苦创业阶段、规范管理高速发展阶段、传承创新内涵发展阶段，指出南海实验中学要在南海精神的激励下，在南海教育高水平的引领下，为学生的终身幸福奠基。他说，实验中学要凝民心、塑名师、育名生。我特别赞同他周末"零作业"的措施，只布置15分钟的练字时间，把时间交给学生，留下学生思考的时间、动手的时间和走进社会的时间。

一所好学校，需要一位有先进教育理念的校长来带领。我觉得，黄校长正是这样一位校长，正引领南海实验中学往更高水平、更高层次发展。

更巧的是，有一个法国学生交流团刚好来实验中学参观访问，由实验中学的学生全程陪伴、翻译，还教法国学生打拳、练剑。自然、大方、自信、阳光，这正体现了实验中学教育的目标——培养国际型学生。

四、再访名班主任秦芳老师

跟岗第四天，我再次请教了名班主任秦芳老师，这次谈话的内容是班主任专业成长和学生行为习惯的问题。

秦老师认为，学校的发展需要教师的合作，来自不同地方的教师会有不同的文化差异，这些文化的交融会带给学校更具包容的特性。作为教师，特别是班主任，在教育学生时，必须非常重视教育的差异性和多样性，不能一味要求每个学生都按照同一个模式发展，这会扼杀了许多学生的潜能。

在班主任专业发展方面，她认为班主任要学会对问题进行系统研究，发现了问题、有了困惑就要让自己寻找理论的支撑，实践后还要不断反思、总结，不断提升自己解决问题的能力，提升自己的专业水平。

同时，班主任要适当转变观念，准确定位自己的角色，明确班主任应是学生的同路人、同行者，要学会有技巧的爱学生，学会放手，让学生自然成长，不能管得太严。

在学生行为习惯养成的问题方面，秦老师认为，生源素质、教师团队的素养、学校课程以及学校的管理是影响学生行为习惯的主要因素。一所学校招收的学生素质如何，会影响学校采取的管理制度，也就相应地促成了要培养学生什么样的行为习惯。如果有一支高素质的教师队伍，都能把教学、教育当成自己的事业，爱岗敬业，在学校认真经营自己的人生，那么对学生的行为影响则是潜移默化的。

再者，学校课程的设置和安排也是非常重要的，必备的课程和配套的活动课程，让学生掌握科学知识的同时，也能引导学生自觉养成爱学习、爱动手、爱动脑的习惯。学校课程下的高效课堂则是培养学生学习习惯、提高学习成绩的保证。高效的课堂将会是智慧型的教学课堂，这种课堂没有固定模式，不仅仅立足于考试，而且充分考虑到学生的实际需要，引导学生做感兴趣的东西。这类课堂有自己独特的风格，主要是为提升学生的思维能力服务；这类课堂不是按部就班，而是整合教材，趣味性和知识性相结合，扩大视野，让学生有表达的机会，吸引学生的参与。

我认为，培养学生良好的行为习惯是小学和初中班主任的一个重要任务，我们要认真思考，充分考虑各方因素，在了解学生特点的前提下，结合自己的教学风格和特点，制订详细、周密的计划，有步骤地对学生进行行为习惯的培养。这也为他们以后成为社会主义事业接班人做好准备。

通过几天的接触，我发现秦老师不但口才好，而且专业知识非常扎实，对班级管理、班级文化建设有自己的独到见解。

秦老师是我学习的楷模，更是我专业发展的导师。

五天时间，通过参观校园、听校长讲座、听老师授课、与班主任对话、和学生聊天，以及观看他们的早读、课间操和课外活动，深入了解了南海实验中学的课堂组织情况、教学情况、班级管理情况、学生的学习状态以及对这所学校的评价，体会到南海实验中学的行政领导、教师对教育事业的执着和对教育境界的追求，也感受到他们对学生的大爱与博爱。

希望我以后能有更多机会来南海实验中学学习，更要把学到的知识运用于自己的教育教学中，提高教育教学效能。

参加骨干班主任培训

历时一年（2012年）的北片骨干班主任培训结束了，在北片教育指导中心领导和广州教科所专家的精心策划和周密安排下，在充满激情、认真负责的指导老师的热情帮助下，我们63名班主任携手努力，顺利完成了本次培训的各项任务。

这一年，是令人感动的一年；这一年，是令人难忘的一年；这一年，是催人奋进的一年。一年来，我们的培训活动丰富多彩：参加团体辅导训练营2天，聆听9位专家的专题讲座12次，开展班会课展示活动，参加班主任能力大赛，还到几所中小学进行德育考察等。我们非常感谢指导中心和教科所为我们提供了这样一次宝贵的学习机会。

因为共同的目标，我们63位学员走到一起，感受培训带给我们的快乐与思考。一年来，我们在这里学到许多先进的教育教学理念，感受着思维的碰撞、心灵的冲击所带来的喜悦和收获。

一、给我们留下深刻印象的团体辅导训练营活动

在训练营中，我们设计口号、队旗，在各种游戏中喊口号、唱队歌，很快熟悉起来，小组迅速团结、凝聚在一起。两天的训练营活动给我们每位学员带来了全新的视觉和体验，更体会到团队精神的重要性。

团体训练营活动告诉我们，丰富多彩的生活里蕴含了许多教育的元素，在平时的教育教学中，我们要善于发现，组织各种各样的活动让学生参加，一起合作、一起探索，从活动中学习和感悟，从活动中受益，培养学生的爱心、责任感和克服困难的意志，使整个班级团结起来，形成班级合力，更有生机和活力。

二、教科所专家风格迥异、精彩纷呈的讲座

一年来，我们聆听了来自教科所专家的专题讲座，学习了他们的先进理念，了解了他们对于教育的独到见解。其中，熊少严所长给我们介绍了班级建设和管理的策略；梁东标副所长给我们分析了当前中小学德育工作的现状、问题和对策，并认真指导我们设计主题班会；傅荣副所长教会我们进行心理自我调适的方法；蒋亚辉主任介绍了家校、社区合作的现状、前景和方式；周东苏老师在问题学生辅导方面给我们指明了方向；郑春晖老师指导我们设计班级团体活动；黄利老师帮助我们分析学生个案及撰写案例的方法；万华老师指导我们了解未成年人思想道德建设及相关法律法规；袁志芬老师则帮我们分析了青少年成长与家庭的关系。所有专家的讲座，扩大了我们的视野，增强了我们的教育信仰，逐步解开我们工作中碰到的疑惑。

三、理论与实践紧密结合的班会设计指导

理论与实践的紧密结合，丰富了我们的培训内容。培训一开始，老师就把我们分成几个小组，每个小组都有一个指导老师，针对自己班级的情况进行班会设计研讨及团体辅导方法的指导，并在小组和全班进行班会课的展示、交流，让我们的理论水平和团体辅导能力有所提高，把更多、更好的方法应用到实践中去。

我们非常珍惜这次学习的机会，学员们认真地完成了每一项任务。每一场讲座、每一堂课后，我们都写下自己的反思和体会，目的只是努力提高专业素养，提高班主任工作的专业化水平，改进班主任工作，坚持走班主任专业化发展道路，在自己的工作岗位上创出教育的新天地，为开展现代班集体建设、为素质教育做贡献。

本轮培训已经画上圆满的句号，成绩只属于过去。教育没有彩排，每一天都是一个新的起点，迎接我们的将是更大的挑战。我们要把这一年的收获运用到日常的班主任工作中，解决实际问题，使更多的学生感受当前的幸福。相信我们全体学员一定会继续努力学习，不断提升、完善自己，以更加饱满的热情将所学

到的知识运用到实际工作中去，充分发挥自身的优势，在教育教学中真正起到带头、引领的作用，力争做一名让社会、家长满意的教师，做一名让领导放心、同行欣赏的教师，做一名让学生钦佩、喜爱的教师，以自己的实际行动无愧于教书育人的神圣使命！

点亮教育，点亮人生

2012年9月24日至29日，我参加了广州市第二批名班主任培训。在六天时间里，我们首先在广州大学学习班主任专业理论知识，然后到南海九江中学和肇庆十六小学进行了实地考察。这次培训我系统地学习了班级管理、班级文化建设等方面的知识，接触到新的德育理念，对今后的班主任工作有现实的指导意义，也对提高自己的班主任工作水平有很大帮助，为自己的班主任专业化发展打下了更坚实的基础。给我留下最深印象的是"点亮教育"的观点：班主任要扮演亦师亦友的角色，用教育智慧帮助学生点亮未来、点亮心窗、点亮智慧，做好学生的引路人，与学生一同成长。

一、用"点亮教育"点亮学生的未来

在九江中学，梁刚慧校长为我们介绍了他的"点亮教育"。梁校长认为，教育是点亮人的事业。"点"就是点燃、点拨和点化，"亮"是成长的一种境界，指受教育者明确人生的目标和发展方向，并为之努力。"点亮"就是启动自主成长的发动机，寻求自主发展的策略和方法，开发自主成长的工具，并持之以恒地追求自己的人生目标。他有一个形象的比喻，月亮只有在太阳的照耀下才能发光发亮，但教育用照的方法却不能持续发展，照亮是被动的，动力来源于外力，必不能持久。教师"点亮"学生，唤醒学生的潜能，激活学生，让学生获得自主发展的能力，这样学生才会有所作为、有所改变。

梁校长所言极有道理。在有限的时间内，教师能传授给学生的知识极为有限，并且随着时间的流逝，存留在大脑中的更是少之又少。那么，学校存在的目的是什么？存在的意义是什么？我们究竟要怎样才能让学生在学校里学有所长，获得长久、持续发展的动力呢？答案就是"点亮教育"。我们要运用智慧和洞察力，尽自己最大努力帮助学生，让每个学生都找到自己的闪光点，发现自己的潜能和自身存在的积极力量，并利用积极力量完善自己，拥抱光明的未来。

以我个人观点来看，梁校长的"点亮教育"可以理解为教师要更多的关注学生的性格优势和美德。我们要习惯地发现学生的优势，帮助他们了解自身的优势，让学生对自己、对生活充满希望。积极心理学家认为，人人都具有巨大的潜能，都有追求自我实现的需要，每个学生都希望老师多肯定自己的优点。那么，只要我们将目光锁定在学生的积极面，就会发现每个学生都是充满活力的个体；只要我们以赞美的方式告诉他们，让他们带着美德和优势生活、学习，就可能成为他们一生的财富。这才是教育的真谛，这样的教育才是教育的价值所在。

英国教育家洛克认为，人性有优点，也有劣点，我们必须培育优点。人的本性中有一种根深蒂固的需要，希望受到赞扬、得到肯定，希望别人承认自己的价值。其实，学生的缺点自己知道、家长清楚，很多教师坚持"为学生着想"的好心，不顾一切地要根治学生的"顽疾"，很多时候容易好心变坏事。

二、用教育智慧"点亮"学生的心房

华南理工大学宋教授在讲座中告诉我们，班主任角色不是单一的，而是多重的。班主任传递文化，是传递者；班主任是学生的朋友，跟学生共想；班主任是管理者、传道者、交际家、半个心理学家。班主任的任务不是纯粹传授知识那么简单，肩负的重要使命是要教会学生学会生存、发展，再到创造。班主任是学生的心灵导师，要完成这样的任务，班主任必须拥有心灵的甘泉，每时每刻都要做到静心育人，还要成为一个会飞的思想家。

掌握一定的心理知识是每个班主任的必备条件。班主任要学会运用心理知识分析学生出现的问题，并找到科学的方法帮助他们恰当地解决问题，不要一味依靠自己的工作经验。经验是靠不住的，学生个体的差异性决定了经验不可能每一次都能够完全发挥作用，也不能给予班主任正确的指引，帮助班主任准确地解决问题。班主任需要研究学生，分辨出学生的类型，以科学家、心理家的心态分析问题，从而帮助学生。班主任更要认识到，教育是促进学生发展的其中一个条件，并非最重要的，个体的心理发展与生物因素是紧密关联的。

班主任一定要站在更高的高度上去看待问题，要用学到的理论知识指导自己的教学教育工作，用自己掌握的心理知识解决工作中碰到的问题，用教育智慧科学地为学生的个性化发展提供服务。

三、用班级活动"点亮"学生的智慧

在课余讨论的时候，多数班主任都认为，好的、健全的班级管理制度是必须的、不可缺少的，活动更带来意想不到的效果。很多情况下，每天的说教或是三令五申的纪律要求都不如一个小小的、有目的的活动有效。

广州真光中学的王方荣老师讲了一个案例。他接手的一个班，集体荣誉感差，学生之间不团结，整个班集体像一盘散沙。后来他突发奇想，要求全班同学排队跑步到运动场做课间操，并且每天都必须是第一个到。开始时学生觉得怪怪的，其他班级的学生则像看笑话一样嘲笑他们，但王老师没有理会，坚持跑下去。一段时间后，学生不再嘻嘻哈哈的，而是很认真、很整齐地每天第一个跑到运动场等着其他班级。为什么？因为他们在跑的过程中感觉到了其他班级对自己的羡慕，被人重视了，成为学校的焦点，成为其他班级效仿的对象，自信心有了，自尊感强了，班集体荣誉感自然就强了。有凝聚力的一个班级，其他的方面也都好了。

小小的一个活动，达到了增强班级凝聚力的目的。不得不说，班级活动在班级管理、班级建设中发挥巨大的作用。班级活动可以促进班集体的形成与发展，扩大学生的视野，也可以密切学生与社会的联系，培养学生的社会责任感。学生的校园生活应该是多姿多彩的，课堂也不止是一个传授知识和技能的地方，而是一个微型社会的缩影。班主任可以搭建活动的平台，让学生在做中学，体验和感受成长的快乐，建立正确的价值观，用班级活动"点亮"学生的智慧。

我非常欣赏梁校长的智慧，也非常钦佩梁校长进行德育工作改革、创新的勇气。在他的推动下，九江中学大力开展德育科研，不断创新德育工作，学校的德育工作走上了一个新台阶。梁校长的"点亮教育"用智慧点亮了学生的人生，也点亮了教师的人生，这种高屋建瓴的教育理念，启迪、激励着九江中学的全体师生向更高目标迈进。九江中学的师生是幸运的，他们在正确的理念引领下会走得更远。我也是幸运的，有机会参加高质量的培训。我一直坚持"尊重人性、尊重人的成长规律，以真情动人，以活动育人"的教育主张，现在更加坚定自己的信念，感受做班主任真正的满足与幸福！

专业成长之路

第二批广州市中小学名班主任培养对象培训班第二次集中培训（2013年第二期）按期在广州大学教师培训学院进行。这次培训有八天时间，五天理论学习、三天外出参观。

一、校长眼中的班主任

深圳市笋岗中学皮校长从哲学的高度给我们讲述了班主任的职责。皮校长是省名校长工作室主持人，他对班主任有特别的要求。他认为，班主任的任务就是陪伴生命成长，班主任这个职业就是一种生长、成长和改变的职业。班主任要和学生一起成长，就必须有开放的心态，保持生命的张力、活力，让生命得到更新、升级，做一个有魅力、有吸引力的班主任，成为学生崇拜的偶像。同时，班主任要平等对待每一个有个性的学生，搭建个性成长的平台，让学生的个性得到生长。班主任必须有教育情怀，坚守教育情怀，追问自己的存在状态和意义，改变自己的生活、存在状态，以建设自己作为改变社会、建设社会的开端。

的确，每个班主任肩负着几十个生命成长的重任，不能有丝毫的懈怠和随意，每做一个决定、每说一句话都可能对学生带来终身的影响。学生的终身发展也有可能因为班主任而发生改变。作为班主任，有必要从哲学的高度审视自己的职业素养和职业道德，以谦虚谨慎的态度分析自己的教育观是否正确、自己的教育理念是否不断更新、自己的教学方法是否与时俱进，不断学习，主动提高自己的班主任专业水平，适应当今教育发展的需要。

二、班主任的专业成长

获得第四届广东省班主任能力大赛一等奖的刁乐老师给我们介绍了她成长的经历。她认为，班主任的专业发展需要在学习中成长，这有赖于专家的引领；需要在实践中成长，这有赖于自己的自主研究；还需要在团队合作中互帮互助、共同成长。最后她分享到，在自己的成长过程中，学习是永恒的，研究是快乐的，在团队中成长是幸福的。

珠海斗门一中的郑学明老师给出了班主任成长的几点建议，即班级建设"五个一"：开好一个头、定好一个调、选好一批人、搭好一个台、唱好一台戏；转化学生的"四个点"：发现闪光点、培养兴奋点、找准切入点、抢占制高点；在自我提升方面强调"三个勤"：勤于学习、勤于实践、勤于反思。

深圳第二实验学校段老师为我们做了《成就自己，成就彼此》的讲座。为了提升自己，段老师学习中国传统文化，学习心灵成长课程，学习教育理论，向教育专家学习，向学生学习。因此，她对教育的本质有更清楚的认识，即教育就是长善救失，教育的核心是爱，爱的核心是尊重。在二十多年的教育生涯里，段老师用自己的爱陪伴学生成长，成为学生喜欢、家长认同、同行好评、领导信任的好老师、好班主任，在播撒爱的同时，自己也收获了感动和祝福，收获了成长与进步。

我认为，教师或班主任的专业发展首先需要的是自主。就像学生的学习一样，没有了主观能动性，一切免谈。其次需要大环境，人人都积极乐观、努力向上，捧着一颗红心要为祖国的教育事业奉献自己的一份力，好学、勤奋、努力，研究气氛浓厚，你追我赶，谁都不服输。不管是在南海实验中学跟岗学习还是到南海的学校参观，我都明显感受到，大家都在学习，都在求上进，教师或班主任的专业发展之路肯定会更加平坦。教师不断成长，对教育的理解会更加透彻，更有利于当地教育事业的发展。

三、班主任的类型

在听课之余，根据我的观察，将班主任分为以下几类：比赛型、成绩优先型、纪律至上型、实干型、引领型和理论型等。比赛型班主任善于快速学习，掌握比赛规则，精于比赛技巧，口才了得，有台风，阳光向上；成绩优先型班主任只需要学生拿出成绩就行，任何事情都必须以不妨碍学习为前提，班级成绩永远是第一；纪律至上型班主任不能容忍任何违反班规校纪的情况出现，要求学生必须绝对按照要求有板有眼地执行；实干型班主任则是严格按照学校安排，保证按时完成学校交给的任务，事事具体、事事到位，不出错，不出风头，埋头苦干；引领型班主任则将重点放在帮助学生解决学习、生活的问题上，力求在自己的影响下优化学生的学习质量，为学生的成长、发展提供服务平台，提升他们的层次；理论型班主任是善于学习的班主任，通览名家著作，能很好地用理论解释班级管理、班级建设中出现的问题。

四、班主任的心理健康

广州大学培训学院的麻教授给我们讲了班主任心理健康维护方面的知识。首先，麻教授介绍心理健康的标准：第一，正视现实，接受现实；第二，正确评价和悦纳自己；第三，接受他人，善与人处；第四，乐观接受，反应适度；第五，智力正常，人格完整；第六，心理行为符合年龄特征。接着，他提出了教师心理健康的附加标准：第一，对教师事业的态度：热爱教育事业；第二，对自身职业的认同感：高度投入，有责任感、成就感、幸福感；第三，对学生的情感：热爱、尊重学生，亲近学生；第四，对社会期望的反应：充分理解社会的要求。麻教授认为，素质教育的一个重要方面是学生的心理健康，而学生的心理健康很大程度要依赖于一个有健康心理的班主任。所以，作为班主任，我们首先要维护好自己的心理健康，才有愉快的心情工作，让学生快乐成长。

感受北京大学的人文气息

　　2014年11月9日至15日，广州市教育局组织广州市名班主任工作室成员到北京大学学习、培训。北京大学教授儒雅的风采让我们为之倾倒，严谨的治学态度让我们为之钦佩，我们参加培训的每位班主任都由衷地感谢这次培训带给我们心灵的洗涤和思想的净化。

　　黄老师认为，北大的每一节课都深深地打动着她、启发着她、影响着她。她认真聆听每一位教授的授课，尽情感受北大文化的魅力。北京大学胡兆量教授在《文化兴邦》的讲座中列举了很多古今中外的例子，深入浅出地阐述文化的价值，让她认识到文化是无价的。文化是软实力，文化能拯救一个企业，能拯救一个城市，甚至一个民族、一个国家。在培训心得中，黄老师写道："五天的学习，我的视野开阔了，思想得到启迪，观念不断更新。我认真地领悟、深刻地思索、不懈地吸取专家教授们的理念精髓。五天的学习眨眼就过了，但学习期间的所思、所想、所获会让我受益终身。"

　　何老师觉得北京大学白彦教授的讲座《以人为本的领导艺术》让她得以反思自己的课堂，感觉自己的课堂过于注重知识的教授，把大部分的精力和注意力几乎都投向了知识学习和考试分数上。成绩仿佛成了唯一标准，教师为教而教，学生为学而学，课堂中似乎忘却了学习知识的意义与目的，忘却了学习知识对人生的作用与价值，迷失了人与知识的关系。何老师认为，这次教授们的讲课让她进一步拓宽了视野，提高了认识能力，思想受到了很大的冲击，促使自己反思以前的思想方法和观念，反思自己过去的工作方法。一周的北大行，终身的北大情，在北大学习的五天是她人生中难得而重要的一段经历。

　　王老师结合教授精彩的讲座内容，对自己教育教学的实际问题进行了一定的思考，特别是作为班主任工作的核心问题——德育工作及其成效。王老师认为，真正有效的教育，绝不是提几个新的口号就能成功的，而必须要真正充实自己的能力，切实落实各项工作。

　　谢老师在听了白彦教授的讲座《以人为本的领导艺术》后写道："作为班主任，也是一位领导，班主任要树立以人为本的先进理念——视学生为朋友、知己、亲人，一切为了学生，真正把学生的全面发展当作教育的出发点和归宿，做到理解学生、尊重学生、关心帮助学生。班主任要树立以人为本的领导理念，从学生的实际需要出发，结合学生不同的个性特点，灵活地选择和创造性地运用激励手段，充分调动学生的学习积极性。在课堂中，班主任要以学生为中心，使学生潜移默化地接受新知识、新技能；引导学生、激励学生，使之成为学习的主人；促使每个学生不但要学，而且要有浓厚的学习兴趣，学习劲头高。在课堂教学设计和评价中，突出以人为本的教育教学方法，完善自我，更踏实、更完美、更成功地走好后阶段的教育教学之路。

　　此次培训还特意安排我们到北京教育学院朝阳分院参观、学习。北京教育学院朝阳分院是朝阳区实施骨干教师培训的主阵地，将功能定位于"培训、研究、指导、管理、服务"五位一体的区级培训基地，使分院成为骨干教师的培训和指导中心、专业化发展的研究中心、继续教育的管理中心、培训资源的服务中心。

　　朝阳分院领导特别为我们介绍了朝阳区班主任培训的情况，包括拿证上岗培训、提高培训、骨干班主任研修培训和基本功大赛培训，保证了班主任在不同时期都能得到有效的培养。班主任不但学习了开展工作的方法，更获得了自我成长、不断学习的动力，在工作中把从老师那里学习到的方法和爱的力量传递给自己的学生，打造了一支素质过硬的班主任队伍，为学校德育工作培养中坚力量，也为德育队伍储备了后备干部。朝阳分院有系统地培训班主任的做法，很值得我们工作室学习、借鉴。

　　作为工作室的主持人，在学习参观过程中，我一直在考虑自己工作室的建设和发展问题，希望能够带领工作室成员、学员以务实高效、开拓进取的精神投入到工作室的建设中，提高班主任的科研水平，打造和谐向上的工作团队，把工作室办出特色、办出水平，提供班主任发展的优质平台。

北京大学之行，让我们感受了北京大学深厚的文化气息，享受了醍醐灌顶的思想盛宴，给我们精彩的人生增添了更丰富的内容。

在学习中沉淀，在反思中成长

　　2015年12月13日，伴着冬日的寒意，我们广州市名班主任工作室的全体成员前往华东师范大学，参加为期七天的高级研修。步入华东师范大学，古老斑驳的红砖墙老校舍、干净整洁的林荫校道，还有校道两旁那一排排高大的梧桐树便映入眼帘，那一种幽深宁静之感，折射出华东师大深沉内敛的厚重美。工作室成员认真聆听讲座、参与考察，并结合自己的思考，用日记记录了每天的收获。

　　14日上午，我们聆听了华东师大管理系李主任的精彩讲座《用活动系统优化行为系统——智慧型班主任视角的班级管理》。李教授从日常管理、班级活动、班级文化三个层面深入浅出地讲解了如何更新理念，建设民主型班级；启发班主任在工作中以在优质群体中培育高尚人格为教育目标，以在民主交往中释放生命活力为教育思路，以通过系列活动谱写生命乐章为教育实践，在创造中修炼一颗"慧心"。李主任幽默风趣的讲课风格、新颖独特的观点、旁征博引的才学深深地吸引了大家，讲座过程中掌声、笑声不断。

　　14日下午，上海闵行华坪小学的班主任陆老师与我们交流了如何基于学生的成长制订班级计划。陆老师以制订四次班级计划的过程为例，提出班级计划的制订应该包括班级情况分析、学生心理分析、班级目标、班级口号、前期工作、具体措施以及家庭和社区的合作等要素，关注学生成长过程中出现的问题，有机结合日常管理和班级的主题活动，建立反思和评价机制。作为一线班主任，陆老师的经验分享极具参考价值，实操性强，给我们带来了不一样的思维碰撞。

　　15日上午，华东师范大学教育管理学院的张教授为我们带来了丰富的精神盛宴。"学生多元智能发展指导"为我们的班主任工作打开了教育的一扇窗。张教授教育理念先进，睿智而健谈，以精彩的视频欣赏引起我们对智商与智能两个不同概念的思考。接着她从人生职业选择的三个层面分析不同的人生选择境界，旁征博引地讲解了现代智能观的不同定义。其中，斯腾伯格的"三元智力理论"包含的分析性智力、创造性智力和实践性智力的观点都给人很大的启发。

15日下午，我们认真聆听了普陀区德育研究室主任特级教师陈老师做的《在创新中转型，在转型中发展》专题讲座。讲座中，通过学习班主任的四个挑战、四个扭曲、八大困境、六种教育方式、六个转型重点、四个需克服的倾向、六种学生观等内容，我们认识到创新转型是应时代挑战的需要。作为名工作室的一员，我们更应该进行创新转型，适应当今社会发展，成为现代班主任的领航者。

16日上午，华东师范大学教育管理系刘副教授为我们做了题为《诚心正意——学校德育的再思考》的专题讲座。刘教授博学多才，用教育者反思教育的姿态，围绕"教育是什么、教育为什么、教育怎么做"三个问题来引发班主任对学校德育的思考。"知识是力量，良知才是方向。"简简单单一句话就让我们明白了"教育是什么"这一重大问题的方向。教育应该是有道德的，应该是培养一个有良知的人，而不是培养一个高学历的野蛮人。我们应该做个更优秀、更睿智的教师，这样才可以更好地培养学生！

16日下午，华东师范大学教育学系杜教授给我们上了精彩的一课。杜教授研究领域涉及中国教育史、中国考试史、中国传统文化等方面，他的儒雅、博学令我们仰慕。杜教授的讲座《苟家人之居正，则天下之无邪——历史上的家庭教育》思路清晰、内容深刻，富有文化内涵。首先，杜教授对中国古代家庭教育做了系统的阐述，从两个古代家庭教育典故引出中国古代家教的一般特点：严格要求、低调做人、殷切期望、意在传家。结合古代家庭教育的经典故事与篇章，杜教授分析了古代家庭教育的渊源、奠基、普及、鼎盛等阶段的历史变迁，围绕中国古代家庭教育做了系统地诠释，娓娓道出教育的真谛。

17日上午，我们前往上海市大同中学参观考察。活动中，我们先聆听了大同中学盛校长的介绍，然后参观校园。上海市大同中学创办于1912年，是首批命名的上海市实验性示范性高中。学校高扬"爱国育才"的理想，以"笃学敦行、立己达人"为校训，坚持培养学生"学会做人、学会学习、学会生活、学有特长"，为国家输送了六万余名优秀学子，培养了39位"两院院士"及钱其琛、钱正英、曾培炎、于光远、徐光宪、华君武、傅雷、袁鸣、陶璐娜等一大批兴业英才和治国栋梁。盛雅萍校长用心、用情、用智慧引领着大同中学和每一位大同人昂首阔步走在教育改革的前沿，她高远的教育触觉和浓厚的教育情怀深深地打动着在场的每一位老师。虽然我们并不是大同人，但"笃学敦行，立己达人"的校训同样也在鞭策着我们：站稳三尺讲台，释放一生光辉！

从百年老校大同中学归来，我们踏进熟悉的华东师范大学，聆听张万朋教授为我们精心准备的讲座《中国经济发展趋势与教育改革面临的任务》。张教授以幽默风趣的言语，直面当代中国教育现状，发人深省。张教授从中国经济发展目标与现实问题讲起，阐述了教育与经济的关系、新常态下的教育资源配置与教育改革的方向，让我们明确了新常态下教育改革的任务：人才培养模式与机制改革、教育公平、教育管理体制的"管、办、评"分离、区域教育综合改革与治理等。相信在张教授观点的引领下，带着我们的思索，在践行中实现自己的教育理想，我们一定能飞得更高、更远！

18日上午，我们聆听了来自华东师范大学教育教学事务部白主任的讲座。在她题为《在班级活动中培养学生领导力》的讲座中，我们懂得了每个学生都是具有领导潜能的，但这种潜能的开发需要班主任通过各种各样的班级活动进行培养和激发。领导力的激发对学生将来的沟通力、合作力、决断力、协调力、执行力、控制力、亲和力、抗压力、社区服务力、危机处理力、问题解决能力等都有很大的帮助，讲座引起了在场教师的思考和反省。

18日下午，名班主任工作室的成员围绕主题活动进行了激烈的讨论。在讨论中，各位学员针对"大项目"活动方案中的活动目标进行表述，特别是对行为目标、生成性目标、表现性目标进行了深入的探讨。为了使活动能更好地突显内部过程与外显行为相结合的变化，我们发现，活动的设计需要关注活动对象的真实发展需要，要清晰地体现这个"大项目"中的系列"小活动"，使各个"主题班会"的内容、形式、结构更加合理，更贴近学生实际。讨论后，各学员对自己的主题活动方案进行了修改，聆听了导师对活动方案的修改意见，并利用课间时间积极向各位导师请教。

眨眼间，充实的华东师范大学学习之旅已经结束了。在这次培训学习中，我们不仅学到了理论知识，而且还收获了实践的方法，丰富了自己的思维，提升了工作的能力。今后，我们要不断强化自主学习的内动力，从多种渠道扩展知识结构，使自己不断扩充知识的总量、质量、流量，并转化为知识增量，从而获得持续发展的综合能力。此外，我们还要在班主任的工作实践中不断锤炼决策、协调、创新等能力，特别是自觉反思总结的能力，做到勤学、勤思、勤问、勤写，用心、用情、用智慧，努力为班主任工作写下华丽的新篇章！

在参与中锤炼

参加广东省第五批名班主任培养对象第三次培训，我依旧收获满满。每个专家的讲座，如雨露，如琼浆，丰富着我的知识，扩充着我的储备。每个专家的悉心指导、耐心教诲滋润着我的心田，强大着我的内心。

其中，广东第二师范学院中文系陈教授的专题讲座《班主任的口才魅力》带给我很多的思考。

在讲座中，陈教授告诉我们："一言之辩，重于九鼎之宝；三寸之舌，强于百万之师。"口才在现代交往中发挥着举足轻重的作用。"诵说而不陵不犯，可以为师；知微而论，可以为师。"作为班主任，我们除了需要在平时注意多阅读、多积累、多总结外，也需要克服口语交际中的心理障碍，注意锻炼自己的口才，而且还要训练自己的态势语，打造班主任的口才魅力。

广东第二师范学院闫教授也说过，听的人没有听清楚或听明白，就是讲话的人没有讲清楚。讲话者的语气语速、停顿、眼神、身体姿势、感情、内容等都会直接影响内容表达的有效性。

班主任需要提高口头表达能力，需要在参与中锤炼，在锻炼中提高，在完成任务中提高表达能力。主持或参与各种论坛，就是一个直接有效、进步较快的方法。回顾我参与和主持过的各类型论坛，受益匪浅。

2015年5月，省工作室初中组展示，我作为嘉宾参与论坛，紧跟主持人的节奏，仔细聆听其他嘉宾的发言，避免因为思考自己的内容而忽略了主持人和其他嘉宾的观点。在自己发言时，严格遵守发言时间，3分钟内必须清楚地讲完自己的内容。首先陈述自己的观点，接着用自己经历过的事情加以解释、说明，用一段完整的内容表达自己在这方面的思考和行为。

2015年6月，我参加了省工作室联盟论坛，在探讨学生核心素养和班主任专业提升话题时，言简意赅地提出自己的困惑，以及个人的思考，为论坛注入不同的声音。

2016年12月，我主持了区名班主任教育大讲坛。得益于广东第二师范学院闫教授的耐心教诲和指点，我很好地把握了主持人的角色，将自己定位为一名乐队的指挥，服务于参与论坛的嘉宾以及现场的听众。研讨当中，我面带微笑，自然、放松；嘉宾发表看法时，我半侧身面向嘉宾，倾听，点头会意，并做适当的归纳；眼观六路，耳听八方，目光在现场听众与嘉宾之间转换。

2017年5月，我主持了广州市名班主任工作室展示交流活动中的论坛。我从设计开始就考虑到各位嘉宾的不同优势，安排任务时有所侧重；在研讨当中，我鼓励嘉宾以聊天的形式，用自己的朴实语言陈述观点、分析案例，讲述属于自己的故事。现场的班主任在我的带动下积极思考、参与讨论，整个研讨气氛活跃、思维碰撞，使我们对班级管理有了更多的思考。

俗话说："三分内才，七分口才。"口才是班主任表情达意、实施教育的必备技能。文雅富有情趣的谈吐不仅能获得学生的信任与尊重，增强教育影响力，也可以净化学生的心灵。我们要争取多参与各种活动，在活动中大胆发言，在活动中完善我们的口头语言、身体语言，增强表达效果，充分利用各种机会锻炼自己的口头表达能力，打造自己的口才魅力！

与师同行

我曾跟随李教授到广西百色田东支教，与导师同行，与名师同行，收获满满，幸福满满！

一路西行，风光秀丽，青山碧水，风景怡人，心情舒畅，我和顺德李兆基中学的桂老师一路畅谈。桂老师健谈开朗、思维敏捷，对于班主任工作侃侃而谈，有着自己独到的观察视角，我为其班主任素养所折服。

来到田东中学，李教授开讲，为400多位班主任传授专业成长技艺。李教授在讲座中建议，一线班主任一定要在研究中发展，在反思中成长，在创意中成就，为班主任指明了发展的方向和方式。我多次聆听李教授的讲座，随着自己的不断体会和感悟，以及实际工作中的操作和反思，每次都有不同的收获。班主任长期奋战在基础教育一线，在班主任工作中积累了相当丰富的经验，也遇到了许多令我们困惑甚至焦虑的难题。怀疑班主任工作的意义、方法的时候，甚至对班主任工作产生抵触情绪的时候，专家的释疑、专家的引领、专家的指导就是我们直面困难、克服困难、走出困境、开创新局面的指路明灯。

接着，我结合自己的工作案例给班主任田老师介绍了开展专题研究的意义、步骤，让在座的班主任对李季教授的讲座有了进一步的理解。

第二天上午，顺德大良实验小学高主任展示了一节精致优美的初一班会课。不同的音乐表达了不同的情感，学生在高老师的循循善诱下，逐步体会音乐的旋律美、节奏美和情感美，在师生对话中讲述自己不同的内心感受，体验学习、生活的快乐，学会用音乐点亮自己的生活。正如学生所说："高飞老师是个有内涵和教育技术的名班主任。"高老师用自己的行动印证了李季教授理论指引的高度和准确度，用创意和创新成就了自己的专业发展。

桂启升老师提出"成功学生，成就自己"的发展愿景和理想，为自己的班主任专业成长找到了康庄大道。结合哲学思考的研究、实践和反思，在研究中发展，在反思中成长。

广东省班主任的发展必将在众多有教育情怀教授高屋建瓴的理论指引和不辞辛劳的实践指导中走上快车道，高速发展起来。

与师同行，步伐不一定要迈得很大，但坚持走下去，一定走得更稳、更远！

第三章　反思提炼

带着极强的求知欲望和探索精神，在教育实践中以问题为导向，关注具体的教育情境，制定策略解决实际问题，促使自己对教育问题进行不断地思考和总结，力求形成自己的学生观、教师观和教育观。

主动看见孩童的美

孩童的美是无处不在的，是客观存在的。我们要主动看见他们的美，承认、欣赏、表扬和点赞他们的美，帮助他们实现、完善自己的成长之美、超越之美、至善之美。

我们要从孩童自身成长的角度承认他们的"成长之美"。所有事物都有其自身的成长和发展规律，任何个体按自然规律成长的美就是最天然、最纯真、最朴素的美，我们应该很欣喜地看见这种成长之美正在每个孩童身上存在着。他们的成长需要时间，需要阳光雨露。每一个成长阶段都有其独特的美，我们所要做的是尊重与重视、陪护和等待，陪伴孩童倾听其内在的声音，等待孩童闪耀出理性的光芒，用这种理性的帮助培养孩童的性格，孩童在我们的"看见"中自然就增添了许多快乐生活的勇气、成长的勇气。

我们要从孩童超越自我、实现突破的角度欣赏他们的"超越之美"，经过努力奋争取得突破是最给力的美、最有价值的美。每个个体在不同的阶段都会存在一定的发展停滞期，他们有困惑、有疑虑、有退缩，甚至可能放弃。我们需要看见他们的努力、他们的坚持、他们的拼搏、他们的奋斗，一旦他们通过自己的坚持和顿悟成功地跨越之前的障碍，超越自己，上升到一个全新的高度，我们无须吝啬自己的掌声，要为他们的提升喝彩，为他们的超越鼓掌，孩童在我们的"看见"中自然就获得了更多尝试的勇气、实践的勇气。

我们要从孩童潜意识下表现善意和实施善行的角度点赞他们的"至善之美"，他们的这种"至善之美"是最幸福的美、最可爱的美。人的社会属性决定了我们无时无刻不在与他人进行各种交往，善心与爱心让我们这个社会得以在这种交往中长期处于一种和谐发展的状态，许多人在他人的爱心和善心帮助下增长了知识、提高了能力，坚强地度过了许多难关。孩童们在自己善良品性的意识下生活、学习和助人，培养了自己的社会责任感，增长了见识，了解了不同人之间的习性和优点，积存了自己的善性。我们无须灌输大道理，只要避免恶习和错误，以守护孩童自然的善性。孩童在我们的"看见"中自然会丰富自己善性的含义和宽度，也自然会有更多坚定善行的勇气。

不同角度可以看见不同的美。改变心态，会出现更多的角度；转变观点，会有更多的可能；开阔视野，会有更高的层次；提升高度，会有更多的标准。

我们要站在万物有自然成长规律的角度，站在万物有好学上进的角度，站在万物有好奇探索的角度，站在万物有善于改变的角度，看见万物的美。我们也要站在孩童自身发展的角度看见他们各种的美。见其所见，不见其所不见。我们看待孩童，就是要看见他们的美，看见他们的成长，看见他们的超越，看见他们的爱，看见他们的善。用我们的主动"看见"赞美、表扬、激励和鼓舞他们，让孩童在我们看见他们的美的眼光中找到成长的自信、超越自我的信心和至善至美的决心。

人是需要激励的

人的一生需要不断地奋斗和拼搏。在奋斗和拼搏中，人需要他人的激励，需要自我暗示的激励，需要自己成功的激励，在激励中成功和成长！

人需要他人的激励。人在努力后迫切需要得到旁人的肯定，才会有后续的动力，否则正在进行的行动就会戛然而止。有了他人的激励，人会保持高昂的斗志，充满激情，直奔目标。有了他人的陪同，人会更有力量、更有恒心。对于学生来说，学校是定义成功和失败的地方，教师需要给予他们足够多的激励。德国精神分析学家埃里克森认为，儿童总是努力保持着积极的自我概念，认为自己是有能力、有价值的个体。教师对学生行为的评价对学生的自我概念具有重要的影响，成年人对儿童在各种活动中表现出的勤奋给以鼓励是必要的。我们需要激励正在奋斗的人，需要帮助正在起步的人。

人需要自我暗示的激励，自我暗示是成功的关键。成功不是偶然，成功是一步一步走出来的，每跨出一步，我们都要肯定自己的努力，都要鼓励自己继续往前走；成功是一点一滴积累起来的，每进步一点，我们都要给自己竖起大拇指点赞，激励自己一定会达成所愿的；成功是信心堆积出来的，每成功一次，我们都要表扬自己，夸奖自己的努力、付出和坚持。自我暗示的力量会帮助我们锻炼出一颗强大的内心，克服暂时的困难，激励我们朝着既定目标前行。只有不断暗示自己成功，才有成功的可能。

人需要自己成功的激励。根据埃里克森的社会化发展理论，人在不同社交范围活动的经验以及完成任务和从事集体活动的成功经验会增强他们的胜任感。这些成功的体验有助于人在以后的社会生活中建立勤奋的特质。通过自己努力取得成功的人，会确认自己拥有成功的素质，更自信，更努力，同时又会帮助那些需要帮助的人。在自己的周围形成一股强劲的正能量场，激励着每一个人向着更高、更远的目标前进。有个学生通过自己的努力和老师的鼓励在学习上取得进步，考试分数从60多分提高到80多分，从此在课堂上认真听讲、做笔记、踊跃发言。成功重新界定了他的实力，是对他的能力的验证，给予他无限的力量和满满的学习激情。

来自他人的激励是信任，来自自我暗示的激励是动力，来自自己成功的激励是肯定。不要吝啬对于他人的激励，要时常向他人竖起点赞的大拇指，可能我们的激励会帮助一个人从此踏上成功的征途。不要忘记时刻暗示、提醒自己是最棒的，一定会成功的，可能就是在不断暗示下，自己正逐步走向成功。不要小看自己通过努力取得的各种小小的成功，正是这些小小的成功证明自己是有能力的、有潜质的；正是这些小小的成功，培养了自己不轻言放弃、坚持不懈、努力拼搏的进取精神，奠定自己的人生价值观。

人生需要拼搏、需要奋斗、需要激励，有了他人的激励，有了自己的激励，人生才更容易成功、更出彩！

教师角色

教师是一份极具价值的事业，如何清晰地定位自己的角色，如何在变化中求变，如何坚守自己的阵地，是每一个教师需要认真思考的事情。

一、教师这份工作

教师的工作与其他工作有区别。教师的职责是教书育人，需要有务实精神和奉献精神。教师工作不能仅仅是完成任务，更重要的一点是要看做对了没有、做好了没有，甚至是做精了没有。因为我们的教育对象是学生，一群正在成长的学生，一群有自己思想的学生，一群有自己独特个性的学生。

教师的工作有四个层次：工作做完了、工作做对了、工作做好了、工作做精了。

把工作做完，完成上级交给我们的任务，这是毋庸置疑的。对于科任老师来说，要按时完成教学任务，管理好课堂，较好地实施教学计划，帮助学生掌握好教材知识，担负一定的课后辅导工作，并配合班主任做好相应的教育工作，寓德育于日常教学中。

在完成工作任务的同时，我们需要考虑的是，完成的工作做对了吗？我们是急匆匆地应付完成手头任务，然后一头钻进自己的个人事务中，还是根据学生的特点、需要有的放矢做到位了呢？学生认可老师的处事方法吗？学生喜爱老师的教育教学方法吗？成绩是来源于老师的严厉管教还是循循善诱呢？班级生活有条不紊是来自于老师高压还是学生在老师有效引导下的自觉行为呢？做对，是教师这一职业特有的要求。方法不对，对于学生的发展可能会留下隐患，这是教师要三思而行的。

教师这一职业特点使得教师必须要有奉献精神。对于学生，教师需要在做好本职工作之外多一点思考，多为学生的以后发展打算。在具体各项工作有序进行之前，教师需要根据学生特点规划好教育计划，规划好教育行为，通盘考虑，逐个实施，做到从大处着想、从小处着手，这样才能有效引导学生健康发展。

把工作做对、做好之后，教师要结合相关教育教学理论知识，逐渐归纳总结自己的做法，提升自己的经验，形成自己的育人观点，以便推广，便于更多教师借鉴。有可能的情况下，还要积极带动、影响其他教师共同参与，共同提高工作能力，提高教育教学效能，服务于更多的学生。

二、成功的教师

一个成功的教师，会努力打造充满活力的轻松课堂，让学生感兴趣，让学生愿意投入；一个成功的教师，会努力打造易于丰收的课堂，让学生学有所得，让学生感到满足；一个成功的教师，会努力打造有亮点、有悬念的课堂，让学生回味，让学生有所期待；一个成功的教师，会努力打造健康、和谐的师生关系，让学生感受到老师的关注、老师的爱。

教师的日常教育教学最关键的是要激发学生的学习兴趣，保持他们持续认真学习的热情。要保持学习的激情，教师精彩课堂教学的带动是一方面，最关键的还是要学生认识到学习的重要性。教师要考虑通过引导价值观、世界观、人生观来帮助学生改变对学习的态度，懂得知识的价值。现在的学生都很聪明，只要他们自己想学、要学，课本里的知识内容对于他们来说就是小菜一碟。教师在备课时，需要更多考虑应该是用什么教学活动吸引学生参与到课堂中，对每一节课都充满期待，每天都有收获。让学生喜欢老师的课，学生对知识的掌握就水到渠成了。

每个人都希望通过自己的努力取得进步、获得成功，这是对自己的一个肯定。因此，教师在设计教学活动的时候需要考虑帮助学生取得成功。根据维果斯基的最近发展区理论，教师需要精心设计教学内容，安排教学活动，让学生在适当地点拨下掌握到有价值的知识，引导学生掌握解决问题的方法，帮助他们突破难点、获得成功。有难度才有挑战，有挑战才有激情，有激情才有行动，有行动才有感悟、有收获。

教师每天都面对着各种性格的学生，要努力协调好师生关系。俗话说："亲其师，信其道。"师生关系处理好了，学生也就教育好了。在小学，学生的重要他人是老师，老师就是他们心中的神；在中学，学生的重要他人是身边的朋友。作为教师，要想办法把自己的角色定位于做学生的朋友。教师需要的是能交流、能帮到忙、能交心的好朋友。当然，年龄的差距、身份的不同都会导致教师很难真正走进学生的内心。但教师要多从学生的角度考虑问题，考虑到他们的年龄特点，处处为他们着想，一切以学生为本，以学生的发展为根本点，帮助他们健康成长。

当学生在成长过程中出现种种问题时，教师要认真分析原因，用耐心引导他们，用爱心陪伴他们成长。将教师形容成雕刻家，是因为教师要根据学生的不同特点对他们进行有目的、有区别的培养。根据原材料的原有形状雕刻，才会有各种各样的漂亮艺术品出现，不然千篇一律，个个都像工厂流水线生产出来的产品，怎能适应现代社会的需求？

三、改变

当教师用一种习惯行为解决不了问题，不能达到预期效果时，应该考虑尝试改变，改变就会带来变化。在教育学生时，当教师碰到以平常做法解决不了问题时，是否能做出改变并坚持下来呢？

我们班中有这样一个男生，小学在广州读书，初中来到我们这所城镇学校，在班里不怎么说话，同学关系不太好，没有朋友。他说一定要考到年级前十名，考回广州。可我了解到，他第一次中段测试排名260多，英语接近70分，这样的成绩要达成目标很有难度。家长也说孩子最近情绪不太好，有转学的想法。怎样才能帮助他尽快适应新的学习环境和班集体呢？

按习惯做法，应该是跟他谈心，要他尊敬老师，跟同学团结合作等。但我觉得，对这样一个男生，要来点特别的做法。

我抓住他是从广州来的这个特点，对他的愿望、目标表示赞同，并支持他，告诉他"你一定行，因为你是广州来的，一定要考回去。要考回广州，就必须更加努力"。我还主动询问他是否需要特别的帮忙，是否需要安排更加优秀的同学辅导他。从此，这个男生铆足了干劲往前冲。每次考试排名都有进步，从200多到100多，再到60多，初二期末竟考了第26名。成绩进步了，他对老师的态度有了很大的转变，有了两个非常要好的朋友，人也开朗了很多。

我不知道那句话是否真的有那么大的威力，令他一路狂奔。现在想来，如果我对他那个狂妄的目标显示出半点的轻蔑或是不屑一顾，他今天是不可能取得这个成绩的。

当然，这只是个案，没有共性。但我觉得，在教育学生，特别是比较有个性的学生时，我们有必要更新一下固有的思维，转换一下思路，更换一下习惯做法，即使这种变化对自己来说不太习惯、不太舒服。作为教师，特别是班主任，我们必须适应这种变化。况且，做出这些改变并坚持下来，可能会给自己的教育教学工作带来转机，出现一个新天地，何乐而不为？

面对不同的学生，我们要选择不同的教育方式，用同样的方式做一件事却想获得不同结果是不可能的。当普通的方法发挥不了作用时，我们就要做出改变并坚持下来，也许就会成为另外一个好的教育习惯，并服务于我们。

善于改变、勇于改变，才能更好地适应今天日益提高的教育要求。

四、耕种好自家田地

我国近现代政治家梁启超说："无论做何种职业的人，都各各有他的自家田地。但要问那一块田地最广、最大、最丰富，我想再没有能比得上教育家的了。"好好地将自己的"田地"打理出来，便一生受用不尽。

我认为说得很在理。校长将一个班级交给班主任，这块"地"就是我们的了，在这块"地"上种些什么、怎样种、如何管理，全权交给班主任了，班主任自然就得负责任。

农民每年都会悉心耕种，因为地里的作物是他一年的生活保证，被视作自己的生命和希望。在班主任的"自留地"上，班主任可以一展身手，但一定要时刻提醒自己注意，自己手里的是几十个有感情、会发展的个体，容不得差错。全身心地投入，全程跟踪，细致观察，不断调整教育策略，方能有收获。

在"种地"之前，班主任要分析土地是肥沃的还是贫瘠的，什么地方应该播种什么，做到心中有数。施肥的多少也要有分寸，少了营养不良，多了会适得其反；水多了会黄叶，少了会枯死。正如古希腊哲学家苏格拉底所云，教师就是雕塑家，在雕刻之前要考虑到材料的外形、特质，还要考虑自己的处理手法，充分发挥这块材料的作用，让它在自己手里成为一件真正的艺术品。

不同的学生个体有不同的个体特征，我们选择教育的方式方法要有所区别，切忌以偏概全、一味追求统一而丧失了教育的多样性和包容性。

能掌控几十个人的教育，权利是何等的大；能和他们一起成长，又是何等的欣慰。"诲人又是多么快活呀，自己手种一丛花卉，看着他发芽，看着他长叶，看着他含蕾，看着他开花，天天生态不同，多加一分培养工夫，便立刻有一分效验呈现。"正像梁先生说的那样，看着学生一天天进步、成长，教师自然会兴致勃勃地"劳作"，哪里会厌倦？好好耕种，肯定有好收成。

教育需要包容和宽容

正确看待过失或错误，给学生一个更大的空间，用更大的胸怀容纳、包容学生的多变、不稳定性，在了解学生特点的基础上加以指引，在可控范围内耐心等待学生的成长，是教育成功的保证。

一、"你违规了"

参加培训回来，我发现班里出现了常规问题：部分学生课堂随意发言，打断老师和同学的对话；作业迟交；课间纪律不好；自行车摆放不整齐；窗帘收放不符合要求，等等。这些不是问题的问题，虽然都不大，但影响班级形象，容易养成不良习惯，因此还是要好好解决。

在开学初，我就组织全班学生学习过有关日常行为规范，如果现在再次学习，可能没有任何效果，我考虑换一种方式方法。

我按照顺序，逐一请一些学生发表意见，以期更好地解决问题。在谈到课堂如何正确发言时，何同学说得有条有理、头头是道。第一，发言前要思考；第二，发言前要举手；第三，回答问题声音要响亮，语速不能太快，表达意思要清楚，吐字要清晰；第四，老师和其他同学问答时要认真听讲，不能随意打断。他一说完，全班掌声雷鸣。表扬他的智慧之后，我马上问他，如果课堂上发言不遵守班规怎么处理？话音刚落，全班突然大笑起来，每个人都明白，课堂上经常打断老师讲课、随意大声发言的人正是何同学。违反规定的学生被邀请上来发表意见，谈谈如何改进，这就是我要尝试的方法。何同学不好意思地低下头，想了想，说："如果违反纪律，按照班规写说明。再次违反就罚跑步，罚抄说明书10

次，或请家长回校。"

原来，同学们都知道要怎样做才符合要求，只不过他们自控力不够，或者由于习惯偶尔出现违反纪律的现象。从学生身心发展阶段来分析，我完全可以理解，也完全可以原谅。作为教育者来说，太在乎学生的过错就会打压他们的积极性，破坏师生关系，降低教育教学效能。

良好关系是教育教学效能发挥作用的前提，互相尊重、互相信任是任何事情得以圆满完成的保证和必要条件。在处理学生问题时，缺乏对学生年龄特点、年级特点的分析，任意夸大问题的严重性，都会导致师生间信任度的降低。

班规班纪的制定是为了更好地规范学生的行为，任何人的犯错都会有反复性和不确定性。学生成长过程中的小错误是人生经历的宝贵财富，是他们得以成长、得以成功的垫脚石。过于严厉的班规班纪，学生会失去学习的机会、改正的机会。班主任过度纠正学生的问题，会导致学生逐渐失去对老师的信任。

二、让学生在改正错误中成长

学校应该是个允许学生犯错的地方，学生就是在不断犯错以及改正错误的过程中成长的。对于学生的错误，老师应如何妥善进行教育？

有一个男生，非常聪明，但麻烦不断。初一跟别人打架，我沉住气，耐心、妥善地处理。初二又打架，我在医院陪他到晚上11点多才回家吃饭，之后多次找他谈心。到了初三，他说会认真复习，让我放心。而我却放心不下，因为这个学生脾气比较暴躁，能否短时间调节过来还很难说。于是我发动班干部，了解他的情绪变化，隔段时间在听写本上询问他的复习情况，课余时间不时问问他的学习。这个学生也在我的不断鼓励下，经过自己的努力，取得了全班第二名的成绩。

现代社会节奏很快，在某种程度上有浮躁之嫌，人们都希望在最短的时间内解决最多的问题。但是，唯独教育不可以。教育是爱的感化，是慢的艺术，让我们把步子放慢点，等等孩子，他们的成长需要时间。对于学生的错误思想和不良言行，我们不能视而不见，该批评的要批评，该处罚的还是要处罚。但我们要科学地使用这件武器，尽量做到理性看待学生的行为、思想、成绩，不能简单地以成人的思维方式、成人的角度要求学生，而要针对他们的年龄和性格特点，学习教育学、心理学知识，尝试运用正确的教育理念和策略指导我们的教育行为，恰到好处地指出学生存在的问题，让我们的批评具有激励学生奋发向上的力量，不但能使自己的教育成功，更能让他们认识并改正自己的缺点和错误，促使他们自信、自强地成长。

三、班主任的平常心

我突然发现，班里的男生安静了很多，很是奇怪，应该是有什么事件占据了他们的内存空间或者其他感兴趣的话题转移了他们的注意力。细想起来，有三件事发挥了作用：一是到珠海参加综合实践活动，二是学校的科技节，三是学校的义卖活动。三次活动，我都用极具肯定的语气和欣赏的态度对他们大加表扬，表示对他们的赞许，对他们参与、组织活动给予肯定。

发现、得知、遇见学生犯错，或不按原定规则行事，我们的第一反应就是要他们认错并改正，这种做法似乎有点强人所难。本就是因为没有达到认知水平才犯错，如何能够在认识水平低下的情境下改变行为呢？犯错所产生的影响对学生不构成任何的损失，或者他们根本不认为是错的，反而是对班主任管理能力或带班能力产生一定的误解。对于班级的打分评价是对班主任能力的评价，老师们自然非常看重每天所带班的得分情况，并把扣分和个别学生的行为联系起来，导致师生关系紧张。从学校管理角度来说，评分管理是必要的，也是一种策略。在评价必然存在的情况下，班主任能做的就是从管理自己的情绪出发，降低对评价的期望值。

如果老师能平静下来，对各种评价多些平常心，对于学生的犯错就会多一个角度思考、多一分宽容。

快乐的班主任

做班主任快乐吗？

班主任的压力真的很大，每天面对四、五十个不同性格的学生，可爱的、调皮的、淘气的、乖巧的……学习、生活、身体、品德表现，样样都要管，每天的神经都是紧绷的。学生成绩下降时，我开始担心；学生顽皮不听话时，我开始烦心；家长不理解、不支持时，我开始伤心。学校实行班级评比，班与班之间的竞争，再加上教学上的压力，整个人感觉心力交瘁。

能做个快乐的班主任吗？做班主任，要有一个平常心，不能太激进。班主任要处理的大事小事一堆，不能因为学生的一次不交作业、一次迟到、一次顶撞而大发雷霆。班主任要相信，教育是一个过程，一个由量变到质变的过程。要做个快乐的班主任，就要学会从工作中寻找快乐。

课上多了，喉咙很痛，学生上前轻声问候："老师，你不舒服吗？"不久，办公桌上多了一盒润喉糖，顿时一种温暖涌上心头。收上一大沓作业，正发愁如何抱回办公室，几个男生跑上前："老师，我们帮你。"课后，学生肚子饿吃饼干，见老师来了，礼貌地说："老师，来一块吧！"外出秋游，学生争先恐后要与老师合影："老师，我要与你合照。"

只要善于发现，在平时繁重的工作中真的可以找寻到很多快乐。要做个快乐的班主任，不能一味地看重学生的成绩。班主任的任务是引领和激励学生，确保每个学生都有积极向上、进取的心态，这是一种精神的力量。站在这个视角上，我们会豁然开朗。班主任要把学生身上的优点发挥出来，把学生的潜力挖掘出来，引领学生积极向上，就能做个快乐的班主任。

　　我们不但要做一个快乐的班主任，还要成为一个有高度的教育者。

　　新课改背景下班主任的教育管理工作面临新的挑战和机遇，如何做好班主任工作，需要班主任有正确的教育理念与科学的教育策略和教育机制。面对班级教育管理中存在的各种问题，如果班主任不能运用适当的教育策略，容易使学生成为班主任工作的对立面，教育效果往往会过犹不及甚至适得其反。对此，班主任需要不断扩展知识储备，提高管理能力，净化情感操守，提升人生境界，直至形成生命智慧，成为一个富有教育个性、有高度的班主任。

　　班主任工作大都是细致、烦琐的日常事务，整天疲于奔命，却成效不大。班主任需要从哲学的高度更好地理解班主任的工作与生活，不断获得认识，了解和重构班主任工作生活的意识、能力、信念，进而提升自己的教育智慧。教师需要深入地对自己的工作经验进行回忆梳理、反思提升，逐渐形成独特的教育主张。

　　教师需要潜心研究、静心育人，了解德育新理念，掌握德育新方法，使自己拥有更高的起点，用自己的高度成就学生的成长之美、成己之善，做一个有高度的教育者。

班主任：耕耘者、多面手、先行者

坚守在平凡工作岗位上的班主任，有着多重角色。为应对来自内外的冲突，面对困顿与挑战，班主任必须随时做出角色的转变。我认为，作为与学生联系最紧密的人，班主任是多种角色的复合体：面对基本的育人任务时，是辛勤的耕耘者；面对各种难题时，是跨界的多面手；面对多种挑战时，是敢于尝试的先行者。

一、班主任是默默无闻的耕耘者

教育部《中小学班主任工作规定》指出，班主任是中小学日常思想道德教育和学生管理工作的主要实施者，是中小学生健康成长的引领者。对于班级发展，班主任既要在整体规划上做出全面考虑，又要处理好日常的管理工作，更需要关注学生的身心健康。

在整体规划上，班主任要发挥领导者的作用，需要制订班级长远计划，规划班级发展目标，构建框架，并将规划具体化、阶段化，按部就班，合理而系统地实施教育，有目的、有计划地引导学生健康成长。

在班级管理中，班主任要发挥组织者和管理者的作用，规范学生们的各种言行，和学生一起处理日常班级事务。特别是在起始年级，要教会学生整理课桌书包、清洁打扫教室、掌握上课听讲要领、遵守课间课堂纪律等，事无巨细，手把手教，从零开始。

在引导学生时，班主任要发挥陪伴者的作用，需要根据学生的成长特点积极帮助学生了解自己的成长特点，掌握解决问题的方法技巧，提高解决问题的能力。对于部分特殊学生，班主任需要根据他们的不同个性采取不同的方法，耐心教诲；对于个别行为偏差生，班主任要充分了解其家庭背景，和家长协商制定教育策略，长时间关注，耐心教育，促其转变；对于留守儿童，班主任需要给予更多的理解、更多的关怀、更多的付出；对于个别特殊学生，班主任需要掌握更多的融合教育的知识，倾注更多的爱、更多的心血和时间。

二、班主任是八面玲珑的多面手

班主任是文化的传播者，是知识的传授者，传承人类优秀文化知识。同时，班主任又是跨界能手，是学生心目中的完人，是学习的榜样。

从班级角度观察，班主任是设计师，需要根据本班学生实际，策划组织各种各样的活动凝聚班集体，活跃班级气氛，创设班级氛围，形成班级舆论，调动学生的主动性和积极性，充分发挥班级育人功能和群体优势，让学生在参与和体验中构建良好的人际关系，加快班集体的形成，逐步形成班级特有文化。

从学生角度观察，班主任是演说家，不断激励学生坚定前行，鼓励学生永不放弃，唤醒迷途羔羊；班主任是陪护者，陪伴着学生一起学习、生活，一起度过他们最快乐、最难忘的时光；班主任是知心朋友，倾听学生的苦恼，安慰学生的心灵，提供解决问题的良策；班主任是维护者，时刻保护者班级中的弱势群体；班主任是半个心理学家，为有困惑的学生排忧解难。

从家校角度观察，班主任是协调员，协调学生和家长的紧张关系，调整亲子关系；班主任是联络者，是科任老师的倾诉对象，是联络各科任老师以及学生的纽带。

三、班主任是与时俱进的先行者

伴随着经济全球化、信息化和网络化的迅猛发展，社会各阶层对学校的育人工作寄予了更大的期望，对班主任工作提出了更高的要求。面对挑战和变革，班主任敢于直面困难，因时而进，因势而新，学习、思考、锤炼，积极提升专业素养，掌握有效的教育方法，提高教育效能，变挑战为契机，更好地引导学生成长。

提升自身素养，寻求教育胜任力。班主任在不断的学习中坚定教育信念，获取教育自信，提升教育素养，寻求胜任教育任务的内驱力和执行力。班主任寻求通过反思在实践中遇见的问题，更为深入地了解自己的教育活动对于学生的影响和作用，驾驭复杂的教育问题，掌握更好的应对措施和策略。班主任寻求通过阅读获得更宽广的视野和胸怀，增加更好看待教育、自身的角度，通过阅读把握教育教学规律，构建教育观点、思想和方法，实现教育理想。

创新工作方式，寻求教育革新点。面对问题，班主任不退缩、不放弃，思进求变，结合实践开展研究，大胆探索工作方式的创新。为了更好地引导学生、指导学生，班主任寻求利用不同的方式吸引学生的参与，激发他们的激情，调动他们的积极性，用更灵活的方式帮助学生更好地认识、了解、接受教育活动，力图打造风格鲜明的班集体，致力于学生创造性人格的形成。

创设工作环境，拓宽成长新空间。在前行中，班主任并非孤立地形成、改进、提升自己的教育能力。工作室、研究会、工作联盟、工作坊为班主任提供了支持和身份认同，提供了一种关系，形成了一种氛围，班主任可以借用这种关系和氛围解决自己的问题，实现个人成长。在各种专业研究团队中，在共同的教育理想和职业愿景的感召下，大家凝聚在一起，通过实践反思、专业学习和经验共享，相互滋养，为实现既定目标努力奋进，为自己，也为同行拓宽共同成长的空间。

班主任，平凡的育人工作者，传授着知识，传递着正能量，传送着爱。班主任是勇于担当的先行者，是行走在爱中的多面手，是无私奉献的耕耘者。

班主任的境界

哲学家冯友兰先生认为，做人要有四种境界：自然境界、功利境界、道德境界和天地境界。丰子恺先生认为，做人有三重境界：主真、主美、主善。不同的境界决定了不同的思维方式，带来不同的效果、不同的回忆、不同的人生。

作为担负着"守护孩童自然善性"的班主任，我们需要有自己的追求和境界，需要有帮助学生不断前行、不断进步的至善境界。特别是初三的班主任，我们需要急人所急，想人所想，为人所不乐为、不愿为、不敢为，用我们淳朴的、踏实的真和善激发学生进取与拼搏的精神，激励他们与我们一路同行、一起面对、一起成长。

用我们的真心与良善激励、引导学生积极进取。告诉学生，求得一时的舒适安逸快乐是目光短浅的，中考是锻炼坚强意志力的最好时刻，我们要好好把握这一时机，明晰初三中考对于自己成长的积极意义；告诉学生，认真刻苦学习锻炼的是意志，激发的是不怕苦、不畏难的斗志，改变的是自己的生活环境、人生轨迹，影响的是自己的未来，我们需要以自己的力量实现自己的意志，用努力换来自己的成功，用行动实现自己的梦想。

用我们的真实与友善为学生创设一个良好的学习氛围。全面规划初三备考策略，脚踏实地、按部就班地实施计划，带给学生的是有条不紊、循序渐进的备考信心和对最终胜利的期待和渴望。充满励志气氛的教室氛围给学生带来的是坚持和精神支持，设置班级小组之间的良性竞争，组织小组内学生的互相监督和互帮互助，激发学生百分百的投入和学习热情。全力维护科任老师的教育教学权威和声望，努力协助科任老师做好弱势学生的帮扶工作，及时妥善安排科任老师的临时调课和代课要求，激发全体科任老师团结一心、齐心合力，为学生共同努力和共同付出。及时联系家长，了解学生在家的学习情况和思想动态，及时汇报学生的在校表现，帮助家长分析学生的学习优势和存在的问题，和家长共商教育策略，激发家长对于学校工作和班主任工作的积极支持和全力帮助。

用我们的真诚与和善帮助学生走出困惑。初三的学习是辛苦的，部分学生因为各种原因出现胆怯、怀疑自己能力甚至放弃的现象，班主任要诚心帮助他们分析原因，耐心指导他们走出阴影，热心唤醒他们逝去的激情，用我们真切的关注和真挚的信任鼓舞他们重拾勇气，继续前行。初三的生活也是很乏味、充满变数的，为应对中考压力，部分学生会采取不正确的方式缓解压力、释放压力，班主任应该用真与善安慰学生不可预测的情绪变化，以和善而坚定的态度及时处理、正确引导以及跟踪纠偏，用简单、淳朴的理由和无可推卸的温柔以及坚韧的果断执行促使学生及时回归正常的学习生活中。

初三的班主任，用发自内心的真与善为初三学生提供一个优越的教育环境，真心真意地为学生的发展提供一个成长环境，无疑达到了至真至善的道德境界。既为学生的成长增加了更多机会和多种可能，让他们以更健康的心态迎接自己即将面对的挑战，相信这个世界的美好，也让我们自己更加坚信真和善是世界上最为宝贵的财富，要用自己的行动教育学生知善、爱善、行善，做知善的推动者，做爱善的先行者，做行善的践行者。

做"四有"班主任

2016年11月，我有幸参加在北京师范大学的培训，接触到更多的德育理念，特别是了解到国学经典在教育上的意义价值，对今后的班主任工作有现实的指导意义，为自己的班主任专业化发展指明了方向，更加坚定了做"四有"班主任的信念。

中国教育学会副主任委员、北京师范大学校长培训学院兼职教授郭振有先生在其专题讲座《立德树人：教师的神圣使命》中，从国学的角度做了全面、透彻地分析，为我们解读了总书记对全国教师的深切希望的全部含义和内涵。

一、做有理想信念的班主任

"师也者，教之以事而喻诸德者也。"作为教师，要自觉做中国特色社会主义的坚定信仰者和忠实实践者，忠诚于党和人民的教育事业。要用好课堂讲坛，用好校园阵地，用自己的行动倡导社会主义核心价值观，用自己的学识、阅历、经验点燃学生对真善美的向往。

作为班主任，更需要坚定为祖国教育事业奉献自己的信念，坚定战胜困难的信心，逐步确立自己的教育教学风格，为更好培养下一代做好准备。初中学生处于人生"半幼稚、半成熟"阶段，俗称"心理断乳期"，是自我意识迅速发展的时期，心理与生理发展的不平衡会导致很多的学习问题、人际交往问题、个性心理问题、情绪问题和各类不良行为问题。我们要在充分了解学生特点的前提下，高度关注学生可能出现的问题，制定学生发展规划指导，重视青春期健康的教育，重视学习态度和学习方法的教育，重视人际交往的教育，重视开展实践活动，耐心帮助初中生度过人生的"危险期"。

二、做有道德情操的班主任

"师者，人之模范也。"学高为师，德高为范。班主任要自觉坚守精神家园，坚守人格底线，做学生道德修养的镜子。班主任更应该取法乎上、见贤思齐，不断提高道德修养，提升人格品质，并把正确的道德观传授给学生。

十八大报告强调："加强教师队伍建设，提高师德水平和业务能力，增强教师教书育人的荣誉感和责任感。"班主任要具备爱的情感、爱的能力、爱的智慧和爱的行为，用真挚的情感感受学生发展的过程，让学生理解爱、体验爱，付出爱的认知、情感，从而实现教育自己的目标。

班主任在日常教育工作中，要以身作则、言传身教，和学生并肩前行，与他们一起闯关。在学生的成长过程中会碰到各种各样的困难，我们需要教会学生，不管前面的路如何坎坷，都要在分析自身特点的前提下奋勇向前、永不放弃。我们可以利用各种契机，不时渗透这些价值观，为学生的人生发展奠定思想基础。比如在初三，学生面临中考，我们可以设计一系列活动、班会，从帮助学生认识自我到确定目标，从营造学习氛围到帮助学生克服拼搏过程中出现的困难，都是在教育学生锻造顽强的意志力，培养学生乐观进取的精神，从而更好地发展自我、成长自我。

三、做有扎实知识的班主任

"师之贵也，知大知（智）也。"做智慧型的班主任，要具备学习、处事、生活、育人的智慧，能够在各个方面给学生以帮助和指导；要重视培养学生独立思考的能力，传授知识的同时也要传授学生敢于推翻现有成果的精神。

面对教育教学的挑战，班主任要锐意进取、与时俱进、更新知识、更新观念，适应时代发展的要求。具体来说，作为一名班主任，我要求自己在工作上做到爱心+耐心+责任心+创新+智慧；在观念上，从强调认知的发展到强调认知、精神与能力的和谐发展，从强调学习到强调思考、探索和实践，从强调课堂到活动，从强调共性教育到强调个性教育，从强调班级管理到强调班级规划、班级自主发展；在行动上，转变角色，从一个管理者转变为引领者，从讲授者转变成信息的组织、编制者，用工作创新吸引学生参与到教育教学中，提高教育教学效能，用教育智慧引领学生发展，成为学生学习的引导者、帮助者、促进者，力争成为学生的亲密朋友、指路人。

四、做有仁爱之心的班主任

习总书记强调，"教育是一门'仁而爱人'的事业，爱是教育的灵魂，没有爱就没有教育。"班主任要用爱培育爱、激发爱、传播爱，通过真情、真心、真诚拉近与学生的距离，滋润学生的心田；班主任应该把自己的温暖和情感倾注到每一个学生身上，用欣赏增强学生的信心，用信任树立学生的自尊，让每一个学生都健康成长，让每一个学生都享受成功的喜悦。

在班主任工作上，我致力于追求师生身心和谐发展的教育理想。希望通过"交互共生"的主题教育，促进班级和谐发展，强调班主任对班级发展的主导性，突出班级活动中学生参与的主体性，注重师生、生生之间的交流、交往、交融和互动、互助，注重师生共同的发展和成长，从而达到"和而不同"的和谐发展目标。具体来说，"和"就是并肩前行、和谐发展、共同进步的班集体，一群和睦相处、和平共处的学生，一个和蔼可亲、和颜悦色的教师团队。这个教师团队能够了解学生各种情感发展的需求，满足学生不同学习层次的需要，促进学生各种不同能力的提升，帮助学生实现不同个性的发展。"不同"就是要培养个性不同、能力各异、兴趣广泛的学生。用费孝通老先生的话说就是："各美其美、美人之美、美美与共、天下大同。"

为了适应21世纪的挑战，国家提出学生核心素养理念，强调培养学生的创新与创造力、信息素养、国际视野、沟通与交流、团队合作、社会参与及社会贡献、自我规划与管理等素养。作为班主任，务必与时俱进、更新观念，不断研修提升自己，用自己坚定的理想信念、高尚的道德情操、扎实的教育教学知识和真诚的爱和教育智慧帮助学生，做好学生的引路人，与学生一同成长，和学生一起享受教育的幸福。

育人致善

在一切道德品质之中，善良的本性在世界上是最需要的。

——罗素

成功的教育，需要感性的爱，也需要理性的爱。班主任的职责就是要用智慧感性、理性地爱护、陪伴、引导学生健康成长，引导他们向善，培养他们的善性，以达"培育、化育"之目的。师生交互共生，实现"成人之美、成己之善"的至善境界。

第四章　交往互助

尊重学生的个性特长，充分发挥班级的育人功能，以小组合作竞争制高效科学地管理班级，采取值日班长制度建设自主管理班级，用教室博客创设积极向上的班级舆论导向，打造和谐温馨、乐观进取的优秀班集体，让每一个学生都得到发展。

小组合作高效科学管理班级

小组合作学习是当前课堂教学中使用频率最高的教学方式之一。教师将全班学生按照"组内异质、组间同质"的原则进行分组，使每个小组都有高、中、低三个层次的学生。小组合作模式也可以运用于班级建设中，在班级建设中发挥积极作用。

一、小组的建立

把全班学生按总分排名，标上1、2、3、4、5、6、7、8；8、7、6、5、4、3、2、1……然后相同号码的编成一组，并对组里的男女生人数和性格差异进行调配，以求每个组大致都在同一水平线的。全班47名学生，我分成八大组，其中一个小组为5人，其余均为6人。每个学期固定小组成员，第二个学期再重新进行分组。这就意味着，在这个学期里，小组要朝着既定目标共奋进、同进退。

二、小组合作的优势

小组合作方式既给课堂教学增添了无限的生机，也在班级建设中为学生提供了更为广阔的发挥个性的天地。小组成员一起学习、工作并相互依赖，以便获得成功，让学生感受到合作的好处，让学生感受到学习的乐趣。

小组成员之间是平等的、伙伴式的关系，在这种熟悉的、舒适的和良好的氛围下自由地学习和生活，大家相互信任、沟通，共同完成任务，降低了学习难度和焦虑程度，提高了参与的积极性。

合作学习是有组织的小组学习活动，成员在小组里可以各抒己见，在讨论中发现问题，寻求多种解决问题的方法，提供帮助和反馈，学习合作的技巧，提升人际交往技能。组长要在小组里发挥作用，要带领大家制订计划、确立组规，还要分配任务，要有一定的组织、管理、协调能力。每个组员轮流做组长，在一定程度上锻炼了综合能力。

一个小组就是一个小团体，小团体里的每个成员都有归属感，因而产生合力，增强凝聚力，每个学生都希望为小组加分争光，发奋学习，提高了学生的自信心。

三、小组合作存在的问题

有效的小组合作应建立在成员整体合作和适度竞争的基础之上，关注成员的共同进步与发展。但在日常操作和观察过程中，小组合作存在着一些问题，部分小组缺乏合作精神，部分学生不具备合作意愿，个别学生被孤立，合作效率和质量不高。

部分学生的合作主动性不够，合作意识不强。由于学生个性差异，小组进行课堂讨论时，一部分学生相当活跃，而另一部分学生则坐在一旁袖手旁观，组员之间产生互相埋怨情绪，不合作、不团结，降低团队合作效率。

部分学生有依赖性，不愿意承担小组任务。小组合作让学生在小组中有更多的参与机会，但小组中的部分学生态度不积极，对小组产生强烈的依赖性，不愿意承担组长布置的任务，不支持小组活动，失去一次次的锻炼机会。

组长没有尽职尽责，或者缺少领导能力。如果小组的组长没有发挥应有的领导作用，整个小组就会群龙无首，一盘散沙，还会出现纪律问题，无法发挥小组合作的作用。

忽略了个人的作用，不能有效地刺激学生的积极性。以小组为单位的合作方式，教师往往只对小组给以整体的评价，让有创新意识或有独特见解的学生得不到充分的肯定和鼓励，忽视了对个人的评价，打击了个人表现的积极性。

四、解决问题的办法

小组合作依赖一定的监督机制和激励机制，才能激发小组的进取心和内在动机，促进同伴关系，增强学生的同情心和接纳感，促使友谊发展，提高共同完成任务的意愿。

培养小组的荣誉感和凝聚力。制定评比制度和评比方法。八个大组要在日常学习和生活等方面进行全方位的评比，将纪律、学习和卫生等纳入小组评价体系中，每个项目有具体的操作规则，由分管纪律、学习和卫生的班干部负责打分，各学科上课情况由课代表根据各小组的表现给出分数，周五统一交给副班长，副班长将小组分数进行排名，给出相应的得分，每个月公布各小组的总分，前四名的小组将会得到奖励。用一定的压力促使小组成员紧密地团结在一起，为自己组的共同目标而努力。

严格执行评价制度和方法，奖罚分明。印发座位表、评价操作规则给科任老师，取得科任老师的支持和配合。对于出现问题的小组发放提醒卡、建议卡甚至警告卡，并且要家长签名确认。

加大表扬的力度。对取得成绩和进步的学生及小组给予表彰，发表扬卡给他们以资鼓励。把他们的小组或者个人照片贴在课室走廊的玻璃上，让优秀和进步的小组和个人成为大家学习的榜样。

各小组制订小组目标。各小组要确定组名，制作组徽，设置小组发展目标。

小组还要分析本组的优势和不足，并制定组内学习、活动制度，自查以及小组间
进行互评，找不足、找差距。组长定期进行工作情况交流和组间交流。班主任定
期了解各组学生的情况，并给出建议。

人人担责，人人尽责

早读课：

"某某，戴上你的校卡。"

"你们两个，把书立起来。"

"某某，不要趴下。"

在课代表领读的时候，小蓝不断巡视同学们的早读情况，提醒同学们戴好校卡、坐好、竖起课本朗读，还不时提醒走神的同学。

小蓝今天值日，从早读开始，她要负责班级的一切事务，担起班长的职责。

一、值日班长的职责

创建和谐温馨、乐观进取的优秀班集体，以班集体一分子的身份积极参与班级管理，增强责任心，大胆管理，为班级的正向发展出自己的一份力，维护班级荣誉，这是我们实施值日班长的目标所在。

值日班长由学生按照学号轮流担任，职责包括：

（1）早读任务：①敦促值日小组值日；②检查校卡佩戴情况；③登记欠交作业学生名单；④提醒课代表领读；⑤检查教室内外的卫生情况；⑥巡视早读（提醒同学们读书姿势和声音等）；⑦读报一分钟。

（2）午读任务：①敦促值日小组值日；②检查校卡佩戴情况；③检查教室内外的卫生情况；④巡视午读；⑤英语一分钟；⑥讲故事。

（3）提醒课代表进行课前读；负责每节课上课、下课叫"起立"和"坐下"；如遇老师忘记上课，维持纪律，并提醒课代表到办公室找老师。

（4）负责当天擦洗黑板（每节课后马上擦洗干净黑板）。

（5）保持教师用桌的干净整洁。

（6）维护课间纪律，劝阻聚集和追逐等现象发生。

（7）自修课若教室内无老师，维护自修课纪律。

（8）放学敦促各负责同学、值日组长关好门窗、电器等；最后一个离开课室；通知第二天值日的同学做好准备。

（9）如实登记当天《班级日志》，并写好总评，第二天早上回校后张贴到黑板公告栏。

（10）第二天午读向全班同学通报值日情况。

二、完善值日班长制度

在坚持值日班长制度的前提下，我召开主题班会，把设置值日班长的意图明确地告诉学生，并把实施过程中出现的不良现象"摆"出来，让他们想一想该怎样做一名合格的值日班长。学生进行充分交流后，总结出三条：①认真负责；②敢管敢说；③没有私心。最后我让学生依据这三条标准进行自我反思。第二天，全班学生都写下了自己的意见和看法。多数学生都很期待做值日班长，同时也注意到要合理使用权力，管理好班级不能只是如实登记当天情况，要准时到位，及时处理突发事件，还要公平、公正地对待每个同学。

随后，我又做了三件事：①给予值日班长管理的权利，每个人必须服从值日班长的管理；②班长参与、配合、指导值日班长，尤其个别管理能力欠佳的同学，共同完成班级管理任务；③全体同学对值日班长的值日情况进行评价。每周对值日班长进行一次评选，选出本周内最优秀的值日班长，给予表扬和奖励；每个月根据评分评选出当月五名最佳值日班长，并予以表扬。

经过一学年的锻炼，到初二时，每个学生在值日班长岗位上都能得心应手，对于班级管理游刃有余。值得一提的是，学生写的值日汇报已经完全没有往日记录流水账的写法，可以从某一角度出发深入探讨班级发生的事情。比如小玲在她的值日汇报中写道：

今天，第一次月考结束，同学们应该是很兴奋的，以至于每当老师讲到月考分数的时候，同学们都要发表自己的看法，这是大家对月考的重视。从暑假开始，我知道很多同学就已经着手准备初三的课程，开学后每节课大家都认真听讲，作业也很用心。特别是今天的语文课，所有同学都积极回答问题，声音响亮，非常投入。相信有了这种课堂气氛，每个同学的拼劲会越来越足，成绩越来越好……

小瀚在他的值日汇报中写道：

众所周知，我们班的学习成绩与体育成绩都是最棒的，但大家有没有想过，成功来源于什么？天生智力超群？天生腿长跑得快？不是！成功来源于我们的坚持。

昨天体育课，我们班与其他3个班的同学同时进行期末800米、1000米检测。我看到了我们班与其他班同学的区别。"啊，好累呀！我不想跑了。"只听见一个软弱的声音从我耳边划过。转身一看，是一个跑着跑着便停下来的其他班同学。站在跑道旁即将跑1000米的我，对刚才那位男生产生了看法："男子汉，1000米就跑不动了？"再看看我们班的同学，大家精神抖擞，勇往直前。我们班是所有班级中唯一一个全体同学都跑过终点的班集体。

那节体育课，我见识到了我们班的力量。这股力量在每个同学的心中，是我们坚持不懈、永不放弃的品质。从跑步到学习再到做人，坚持都是决定成功的关键。

在值日中学会组织、管理、沟通等能力，在写汇报时学会深入思考每一件事情，在做值日班长时学会观察、学会思考。值日班长制度是大家综合能力得以提升的最好方法，每个人都有不同的体会和收获。

三、值日心得

每天的学习、生活都由当天的值日班长负责，值日班长担负起管理的义务，行使相当于班主任的权利。学生在评价自己的值日表现时谈道：

最近班里每个人都要轮流当值日班长，我觉得他们都做得很好。有同学追逐打闹都会上前阻止，毫不留情给他们开"罚单"。在自修课时，能警告同学不要说话。我相信，做值日班长对我们会有很大帮助，既能管好班里的纪律，又能锻炼我们的胆量和管理能力。

——小驰

　　这个学期我们班有一个活动，每个人都要轮流当值日班长。我认为这个活动很好，可以锻炼我们班同学的管理能力，还能锻炼我们的胆量，让我们积蓄一些管理的经验，当我们以后参加工作，可以在岗位上做得更好。

——小云

　　这学期，我们要做"每日班长"了。我认为，每天一个班长可以让所有的同学都得到锻炼，提升了大家的管理能力。另外，我认为值日班长是一班之长，要树立一个很好的榜样，有助于我们改掉自己的毛病，同时也锻炼了我们的胆量。敢于管理，这对我们以后是有帮助的。最后，我认为值日班长还可以锻炼我们处理突发情况的能力。

——小群

　　每天，值日班长往往是第一个来到教室又最后一个离开的学生。做值日班长，提高了学生的沟通能力、管理能力、组织能力和协调能力，培养了学生的责任意识、团队意识和公民意识。

班级管理中的教室博客

教室博客把电子博客的现代技术理念通过传统方法呈现出来，丰富了教育手段，丰富了班级文化建设，为师生间创建了一个平等的沟通平台，形成理性发表见解和言论的习惯，形成正面的舆论导向，培养了学生的民主意识和素质。本文介绍如何将教室博客很好地和德育结合起来，在班级管理中发挥真正的育人功能。

一、问题的提出

随着计算机网络技术的不断完善和发展，网络在人们的生活中扮演着越来越重要的角色，也对学校的教育、教学理念带来一定的冲击。许多学校纷纷借助科技的力量，利用网络的便利功能建立了班级电子博客。班级电子博客是班集体建设与管理的新模式，改变了过去单调、枯燥、说教等管理形式，为班集体的建设、管理和德育工作注入了新的活力，也为班主任管理班级和了解学生的思想动态提供了一个有效的途径。

然而在实际操作中，我们发现电子博客也存在着以下问题：

对学生上网的有效监管是伴随着电子博客而来的一个隐忧。网络对学生有着很大的诱惑，学生的自制力较弱，在家上网比较难监管，难以保证学生的学习时间，对他们的学习带来较大的负面影响。

电子博客有其自身的局限性。比如学生不能做到随时随地了解博客里的内容；班主任要及时浏览网页，保证网页内容的健康与安全，这对于工作繁重的班主任来说存在着一定的难度和负担。

二、教室博客在班级管理中的作用和优势

教室博客是张贴在教室墙上的博客。将要发表的博文张贴在墙上，课余时间可以随时提供师生浏览，还可以即时对他人的帖子进行回帖，不用回到家里打开电脑上网；教室博客更新更快，效率高，减少家长的担忧，班主任也不必在网上进行维护、管理、了解学生讨论的内容，减轻了班主任的负担。

教室博客是一种新型的班级管理手段，也是班级文化的有效补充，发挥着重要的育人功能，具有电子博客的便利功能，兼有其开放性、交互性、主体性的特点，能激发学生参与班级管理，提升学生个人民主参与意识，丰富班级管理形式，建立平等的师生关系，创设正确的舆论导向，切合当前的教育实际，也克服了班级电子博客使用当中产生的困难和问题。

1. 教室博客在班级管理中的作用

教室博客改变了过去单一的管理形式，避免了班主任在班级管理中唱独角戏的局面，解决了有些学生与老师面对面诉说心声的尴尬，为学生自我表现、多向交流提供了更广阔的舞台，为班集体的建设、管理和德育工作注入新的活力。

增加了有效的班级管理方法，形成一套管理制度。博客上设立了"班长日志"一栏，值日班长在教室博客上发表博文，记录当天班级情况，并对一天的各项事务进行评价和总结，发表所思所想，提出建议。

学生参与班级管理的平台。由于教室博客是张贴在教室后墙上的博客，学生不受上网或是需要地点的限制，随时可以浏览、观看，通过开设"漂流日记"等栏目，让学生参与班级的管理，一起制定班规、班歌、班训、班徽等，在学校举行各项重大的活动，如体艺节、科技节、社团展示等。

架起沟通的桥梁。教室博客拓宽了交流的渠道，使得生生间、师生间、父母与孩子间的对话更加有效，并能增进大家情感的交流。学生在博客里倾诉快乐和烦恼，他们有很多话不方便直接说，通过书写则可以大胆地倾诉；他们感受到的成功与快乐、悲伤与难过，都需要分享和宣泄。教师可以更近距离地了解学生，洞察学生的内心世界，与学生真心交流。

满足学生心灵需要。中学生情感丰富而且自我，希望得到大家的关注，也

希望将自己的东西与人分享。因此，我们在教室博客上开辟了"书评"，鼓励学生多阅读，并将心得在博客上与大家分享。其他同学可以通过关注书评来拓展知识，了解新书，达到共赢的局面。"倾听墙"汇聚了学生的心声；"答题板"上有问题、有解答，有学习的、生活的、心理的，同学们兴趣高涨，甚至千方百计查找资料答疑。从另一个角度来讲，也是一次学习的机会。

2.教室博客在德育教育中的优势

教室博客开展的形式更灵活、更多样、更有时效性，不受太多技术性的限制，只要一张纸和一支笔就可以随时将自己的想法表达出来，是非常便捷的一种手段。这是教室文化中具有生命力、真正能够体现该集体里的人员的思想动态的一个亮点，也是对班会课教育形式有效的补充和拓展。

教室博客赋予了大家平等的关系，有利于建立新型的师生、生生关系。教室博客的涉及面很广，会辐射到方方面面。所有的科任老师都可以浏览、关注博客，引导学生正向发展，并尽自己的能力帮助学生解决博客中提出的所遇到的难题，加深师生间的了解，促使师生关系更加和谐、平等、密切，体现了"以人为本"的教育教学理念。

教室博客为班级营造了正确的舆论导向和正面的影响。通过教室博客，班级几十双眼睛的发现可以跃然纸上，学生可以了解同伴、老师发生的事，并且有评论、有跟帖，可以产生一定的教育效果。班主任可以通过这一扇窗户了解到学生的内心世界，及时调整教育策略，解决学生出现的问题，是一项不可多得的教育辅助工具。

三、教室博客在班级管理中的实际操作

1.配合专题教育问题，设置适合学生的版块专栏

教室博客开设教师寄语、心情驿站、学法指导、各抒己见、班干阶段总结、每日新闻、评头论足等版块，系统地探讨、解决初中学生面临的问题。

学习方面。在对学习时间的安排、各科学习方法、学习的心得体会、小组建设、学习计划、中考专栏等方面，教室博客可以将这些方面分得很细，让在某方面有专长或有深刻体会的学生参与讨论。

（1）我的学习方法。

（2）期末将至，大家有什么好的复习攻略？

……

德育方面。我们开设了"青春细语"专栏，让学生讨论人际关系、人生目标、榜样、游戏、课外活动、自我激励等问题。

（1）你会理财吗？（如何使用压岁钱）

（2）从书香校园到书香家园，你有哪些改变？

……

心理方面。我们在"心路导航"专栏进行了助人、自助、竞争、合作、自我、考试、个人形象、精神等方面的讨论，根据各个时期的年龄特点，安排不同的话题，让学生敞开心扉，一起讨论，说出心中的疑惑，让学生之间分享处理问题的方法，以期得到启发和改变。

（1）同学答错问题，你喝倒彩了吗？

（2）同学间互帮互助有哪些表现？

……

通过对教室博客的研究，我们还有一个惊喜地发现，教室博客可以记录学生的心路历程，反映学生的成长轨迹。例如在讨论话题方面，初一的学生较多聚焦于该如何适应初中生活、学习上遇到什么烦恼等；初二的学生多聚焦于情感的宣泄、与父母及周边人的关系处理等；初三的学生更多的评论社会现象，对事物背后隐含的道理挖掘得更加深刻一些，写书评，进行人生规划等。下面是班级开展"关于成长"的讨论后，部分学生的博客文章：

在成长的过程中，待人接物十分重要。我会用心对待每一个人。在与同学交往时，我会掌握分寸；在与老师交往时，我会以一种尊敬的态度对待老师，希望可以亦师亦友。但是，在与家长交往时有一点点代沟。不过，我相信这种关系会改变的。

在我的成长中，心态对于我来说很重要，因为心态足以改变一个人，特别是乐观的心态。我具有乐观、进取的心态，但是我总是害羞，不够大胆与大方。

我拥有自己的想法、见解、目标，我的想法不会轻易因别人而改变，我会坚持我的想法、见解。不过，如果我的想法、见解是错的，我也会及时改正。

——小彤

来到中学已经有1年多了，我觉得我自己变了，变得更加成熟，也更加阳光。

班主任是一位非常好的老师，他教会了我做人的方法，而我自己也在逐渐改变着。与父母发生矛盾时，从前的我或许会发脾气和父母冷战，而现在的我也会跟他们沟通，尽量把矛盾化小，知道如何与父母沟通。

从前的我，一遇到问题就会急着与父母报告，一有挫折就会向父母倾诉。可现在我长大了，懂得了遇到问题该如何解决，遇到挫折该如何面对。我现在比以前更乐观、更坚强、更阳光，已经不是从前那个懦弱的我了。

如今的我已成长了很多，相信我可以做得更好！

——小诺

在平时生活中，与我们相处最多的就是同学了，我用一颗友好的、友善的和包容的心与同学相处。但对于老师，我绝对是以一颗敬佩与尊重的心来面对。与家长的交流，我也会认真对待，会做到"有则改之，无则加勉"，不会以不好的情绪来面对。

遇到问题，我会自己想办法或请教同学，也慢慢学会面对一切问题。

大家都说，有目标才有前进的动力。有明确的目标，能使自己更努力，更勇于面对困难，更能做好每一件事。有时，我会因为想得比别人慢，而采纳了别人的意见。我认为这方面需要改进，有主见才是真实的自己。

——小晴

下面是班级开展"关于成功"的讨论后部分同学们的博客文章：

今天老师在班会上讲了很多，但"成功"这个主题让我联想到很多……

"学会倾听"被老师摆在第一位，相信它是最为有用的一个吧。倾听主要是听别人说，要学会认真听别人说话。就像上课一样，老师在讲解，若不会听，老师讲到哪儿你也不知道，对学习有一定的影响。

"学会思考"是第二位，也是成功的关键。要学会思考，才会表达。

"学会表达"是第三位。

要成功，最后一位"学会反思"也很重要。每隔一段时间就得反思这段时间做得好的事情、有什么需改进的、下段时间该怎么做，这样人才会有进步。

这四步对于我来说还需改进。我要努力做好这四步，才能取得成功！

做好以上四步，再加上辛勤的汗水，成功就将属于你。

——小彤

学会倾听，倾听是学习的重要途径之一。在课堂中，老师在讲课，作为学生应该认真地倾听。学会倾听将会使你更加专心。

学会思考。"学而不思则惘"，我们行动之前要思考这件事是否值得做。

学会表达。表达也是人际关系的关键，学会表达是成功关键之一。

学会反思。反思可以使人认识错误、改正缺点、重新认识自我。反思的过程，应想想自己以前的不足、以后要怎么做，规划自我。

成功，每个人都想得到，但成功是需要付出努力和心血的，成功只留给那些有准备的人。爱因斯坦曾经讲过：成功=艰苦的劳动+正确的方法+少说空话。学会倾听、学会思考、学会表达、学会反思就是正确的方法，让我们一步一步登上成功的高峰吧！

——小杜

时事热点。我们讨论当今的热点时事、国际局势，我们讨论如何看待这些问题，如何分析问题背后的真正原因。

（1）你如何看待旅游旺季垃圾现象？

（2）运动员的榜样激励作用。

……

2. 制定教室博客的具体开展形式

由于教室博客受空间限制，帖子的篇幅不能太大，应该以短小精悍为原则，统一用特定规格的纸设计好如下几个栏目：帖子主旨、内容、时间、关注记录。要发帖的学生到专门负责的学生处取空白帖子，写好后再贴到博客上。其中"关注记录"一栏由阅读了帖子的学生填写，凡阅读过该帖的学生都要在"关注记录"一栏留下"足迹和脚印"或是一个表情符号，以便于统计帖子的热度和关注度。这样的目的一是统一了规格，美观大方；二是便于日后原始资料的收集；三是在帖子上可以直接统计帖子的阅读人数，方便明了。

教室博客

栏目		时间	
发帖人		跟帖	
内容			

不同学生对博客的格局、风格要求不同，允许个性化的设计。

3. 制定激发学生参与教室博客的运行机制

通过学生自己做版主来激发学生参与的兴趣。以"邀标"的形式确定不同版块的版主，由学生自己竞争。例如向全班同学阐述自己的设想、做法和创新举措等，成功成为版主的学生有权利在版上发帖，并且对版面进行跟踪、管理、维护。学生可以通过定期的观察，包括版主所提问题的趣味性和实效性、所管理版面的规范性和创新性、引起反响的热烈程度来决定是否连任或是选出新的版主，做到能上能下、有能居之。

评选"博客红人""班级达人""资深博客名人""最受欢迎跟帖人"。中学生有很强的好奇心，喜欢新生的事物，也希望得到别人的关注和肯定，"博客红人""班级达人""资深博客名人""最受欢迎跟帖人"等一系列的称谓无疑是对他们最好的评价。根据跟帖的数量和质量统计，那些积极的、有创意的和受欢迎的帖主将会被评为"博客红人"等，并且在博客旁开设专栏贴出个性化的照片，树立榜样作用。这些措施能够使学生主动参与到博客讨论中来，逐渐形成一种习惯。

教室博客是一个新的平台和载体，吸引全班所有的学生。运用博客进行班级管理，并逐步完善班级管理中存在的问题，逐步建立一套发展性的班级管理制度，激发学生参与班级民主管理，达到学生自我管理目标，培养学生的参与精神、民主意识及管理能力，提高班级的凝聚力。

一定的班级管理制度会形成班级特定的文化环境，班级文化是一个班级的灵魂，教室博客则成为打开文化大门、丰富班级文化建设的钥匙。相信教室博客会在班级管理中发挥作用的同时极大地丰富班级文化，提高班级文化的实效性，使班级文化更具生命力。

第五章　交流互动

孟子说:"知皆扩而充之。"教育的目的在于通过培养善性让每个学生都能幸福地成长、幸福地生活,成为真正的自己。以班会课为教育主阵地,以班级俱乐部的形式开展丰富多彩的班级活动,积极创设健康、良好的教育环境引导学生成长,提高学生综合素质。

着眼于学生需要的班会课

班会课是学校教育的一门课程,是班主任向学生进行思想品德教育的一种有效形式和重要阵地,也是落实立德树人的有效途径。我们要着眼于整个时代的需求和发展,站在为了学生当前与未来发展需要的高度,根据学生所处年级的年龄特征及身心发展规律,系统规划、设计并实施各阶段的班会课,帮助学生度过成长困惑期,引导学生成为一个身心健康、遵纪守法、诚实守信、积极向上的人。

一、学会解决问题

学生的纪律问题没有学习问题多,学习问题没有生活问题多。我们要利用班会课和学生讨论成长过程中遇到的种种问题，分析问题产生的原因，寻求解决问题的办法。帮助学生解决了成长中遇到的问题，学生自然会专注于学习以及努力为班级奉献自己的力量，健康成长。

初中学生处于人生阶段一个特殊并且重要的时期，青春期的到来，给他们带来生理、心理上的烦恼。人际交往、情绪情感等问题都会给他们带来困扰，成为一些问题的导火线，班主任要帮助学生走出这个迷宫。

对于刚升上初一的新生来说，人际交往是他们遇到的第一个问题，与同学的相处、与家长的相处以及与老师的相处都需要掌握一定的技巧。这时，我们要设计一次主题为"新集体欢迎您"的主题班会。在班会上，学生做自我介绍，向全班同学简单介绍自己的爱好和特长，并且表示希望与其他同学成为好朋友的愿望。班主任要引导学生正确认识自己，要用自己的诚意接纳新同学，赢得同学们的尊重，接着就需要设计一系列的班会课来帮助学生更好处理自己与同学、老师和父母的关系。学会正确处理人际关系后，学生才有一个和谐、温馨的学习环境，才能快乐、开心地学习。

随着身体的发育，学生产生了青春的萌动，我们需要及时引导他们正确处理好异性关系，可以召开"男女生交往""对面的男生看过来"和"顺利过渡青春期"等主题班会，讨论青春期的特点，明确责任，掌握交往原则，学习正确的处理方法。

班会课"对面的男生看过来"的教育对象当然就是男生了。班会课第一部分，指出班中男生的一些问题，如课堂爱起哄、课间爱打闹、语言不文明、团体意识不强等，让他们意识到自己的问题。第二部分，通过案例分析，让男生分析情景中的问题以及类似问题存在的原因，清楚地认识自己成长过程中存在的问题。第三部分，告诉他们男人对家庭、事业、朋友等的担当和职责，并让每一个男生大声朗读一段话："男人最重要的就是责任，从出生的那一刻起就是带着责任来到这个世界的。长大后有义务赡养给予自己生命的父母。爱情到来后，要对这份爱有责任。有了家庭后，要对这个家庭负责任。从家庭方面讲，男人的责任是让家庭温暖；从事业方面讲，男人的责任在于敢面对问题、解决问题、承担问题，为周围的人谋求幸福。"第四部分，开展"阳关男生"评比活动，让班中所有男生都在一个月内按照评选条件来提高自己的觉悟，规范自己的行为，力争做一个大气、敢做敢当、阳光、开朗、合群、勇敢、幽默、乐于助人、有爱心、有男子汉气概的阳光男生。

这节班会课，我们创造出一个让男生逐渐改变的环境。让男生先在全体女生面前做出承诺，让每一个男生都相信自己是一个有担当、有责任感的人。接着，在"阳光男生"评选活动中，以评选条件来严格要求自己、改变自己，用行动来说服自己成为一个有担当的男生。

青春期学生的教育是一个让教师和家长都颇为头疼的问题。美国神经学家杰伊·吉德（Jay·Giedd）从脑发育的角度指出："青春期期间，负责驱动情绪的脑区与负责控制冲动的脑区在发育上不同步，一方面令青少年更爱冒险，另一方面也让他们对环境有很强的适应性。"因此，我们需要用好班会课、上好班会课，对学生进行正确的、必要的、及时的引导，创设一个让学生自己想改变的环境，让他们适应这个环境、喜欢这个环境，在这个环境中思考，在这个环境中观察自己、观察他人、了解自己，一定程度上改进自己某些不成熟的行为。

二、一起面对困难

初三的学习需要教师感情的投入，需要教师和学生自身的激情，更需要大家的共同努力。班主任应该在不同时期给出相应的指导，以及不间断的鼓励和支持，让学生有源源不断的奋斗的动力。我和学生一起上了"愈战愈勇"和"百日冲刺"两节班会课。

初三的学习生活紧张，同学们学习认真，如何才能让他们保持长久的学习动力，激发他们学习的热情、拼搏的激情呢？针对第一次月考的成绩，我设计了一节名为"愈战愈勇"的主题班会。

首先，学生以小组为单位，把自己在初一和初二的个人成绩展现出来，然后高声朗读出来，学生都表现得情绪高昂。同时，班长宣读班级取得的成绩，全班同学都陶醉在过往的成绩中。我继而提出问题：如何保持这种进取的势头？然后给学生讲述羽毛球运动员林丹刻苦训练四年，最终夺得北京奥运金牌的故事，以及哲理故事《人要学会沸腾》，让学生懂得保持每天对自己的鼓励很重要。告诉学生每天都要想着"今天又是快乐的一天，花儿对我笑，小鸟对我唱，同学对我好，老师关心我，每天都兴高采烈地上学、回家"……

接着，我和学生一起讨论刘翔的事例。刘翔为了能够继续自己的运动生涯，积极治疗自己的脚伤。从中得出结论，要跑得更快、更好，愈战愈勇，就要积极正视自身的不足并改正。最后利用一个小测试说明同学之间要主动学习、主动提问、互帮互助，才能共同进步、达到目标。

班会课"百日冲刺"告诉学生在剩下的三个月里要注意自己的心态，挖掘潜力，在征途中并肩前行。

在暖场部分，我设计了两个小游戏，第一个是全班学生用手、脚下起了人工雨，提示大家"我们不能改变身边已发生了的事，但我们可以改变我们的心情"。第二个游戏，通过变换手指的位置达到不同的效果，告诉学生，当我们用一种习惯行为解决不了问题，不能达到预期效果时，应该尝试改变，改变就会带来变化。这种改变可以通过自己摸索，也可以请教别人，或是在一个团队里互相学习。

（1）我用乔布斯和林书豪的例子说明成功的第一个秘诀：提高正能量，以积极、乐观和自信的心理状态迎接人生第一次考验，告诉学生，无论何时何地，都要以最佳状态面对挑战。

（2）要求学生往装满水的玻璃杯放回形针，让学生明白自己还有巨大的潜力没有挖掘出来。

（3）要求学生共同完成一个游戏。参与活动的学生用一个手指把装满水的鱼缸搬运到指定位置，这个活动说明合作的重要性，告诉学生在解决难题时要学会寻求帮助，共同进步。

（4）两位学优生用对话的形式展示了他们的学习方法和对部分同学学习不努力的担忧，表示会尽自己的最大努力帮助大家，希望每个同学都能好好利用最后的一百天努力拼搏，考取优异成绩。最后，参加活动的家长代表也表明态度，一定支持孩子，做孩子的坚强后盾，为孩子的学习提供最佳环境，和孩子一起奋斗。

最后，一首《真心英雄》将班会课推向高潮，学生在欣赏初中三年照片的同时，逐个在写有"搏"字的红色卡片上签上自己的名字，以示决心。

这节班会课士气高涨、意志坚定、斗志盎然、目标明确！

初中阶段学生处在青春发育期，青春期的变化困扰着他们，这些变化会带来疑惑、恐惧和焦虑等问题。在学生成长的过程中，班主任应给予正确的指引和有效的指导，对于他们的健康成长起着关键的作用。规划设计初中三年班会课，充分发挥学生主体参与、班主任主要引导的作用，以活动贯穿整个教育过程，激发学生的能动性和创造性，帮助学生了解自己成长的特点以及各阶段可能出现的烦恼，掌握解决问题的技巧和提高解决问题的能力，养成正确的价值观，以积极的心态和必胜的信心迎接即将到来的挑战。事实证明，学生是欢迎这样的班会课的。

时政教育培养道德素养

落实立德树人的根本任务，需要不断创新德育途径。时政教育是德育的重要组成部分，对帮助学生养成关心国家大事的良好习惯、培养学生的社会责任和国家认同等道德素养、激发学生的爱国主义情感、逐步树立正确的政治观念和价值观有着十分重要的作用。结合初中学生关心社会事件的特点，选取时政新闻作为主要教育内容，以资讯传递、事件分析等方式开展每日读报、观看时政学堂和上好时政微型班会课等活动，主动利用、开发时政新闻资源，创新德育途径，加强德育设计的实践性和情景化，充分创设德育氛围，营造德育环境，有助于学生逐步养成关注社会问题的习惯，加深对政治和道德价值的理解，逐渐形成科学态度和价值取向，增强社会责任感，成长为有理想信念、敢于担当的社会主义事业接班人。

一、每日读报关注时政传递有价值资讯

随着大数据时代的到来，知识、信息迅猛增长，学生每天接触到海量的知识。我们需要帮助学生从中辨别和筛选有价值的资讯，并在此过程中培养分辨是非的能力。我们充分利用学校为班级订阅的报刊，开展每日读报活动。

具体实施步骤：①班长准备好"读报一分钟"记录表，按照学号顺序做好登记，注明日期，并提前一天发给相应同学；②当天负责读报的学生翻阅报刊，按要求填写好记录表，读报选取内容包括国际视野、法治事件以及自己感兴趣的话题；③早读最后一分钟由该学生进行读报，与同学分享国内外时政要闻，其他同学静心聆听并思考。

在具体实施过程中，班主任需要指导学生掌握选取新闻的方法，组织讨论读报的具体要求。比如，读报时要保持正确的站姿，确保自己的声音大小和语速能够让全体同学能听清楚。强调聆听的要求，建议学生在听读报的过程中不但了解有关时政内容，也要思考新闻的价值所在。问卷调查结果显示，80%的学生认为读报有效弥补了由于学习紧张而没有时间浏览报纸、网络新闻的不足，有利于同学之间对新闻事件的讨论与分享。比如，2019年3月14日读报分享的六条消息中，有五条是关于全国两会中习近平总书记出席各个代表团会议的内容，让全体学生及时了解了全国两会的重要信息。

二、时政学堂启迪思想培养大格局观

《羊城时政学堂》是一档专门面对中小学生开办的时事教育专题视频节目，由新华社广东分社倾力打造，是广东省唯一一档走进中小学校园课堂的时政新闻资讯类节目。我们利用每周一班会课的时间，准时组织学生观看视频。三个板块中，学生认为"热点聚焦"能够让自己及时了解国际国内新闻，"新闻故事"中的故事真实、感人，"缤纷文化"让自己对广东的文化有了更加深入的了解和认识。

每次播放视频后，学生以小组为单位轮流填写记录表《关注时事，开阔视野，培养大格局观》，记录要点，即时点评，然后张贴展示、交流分享。每次观看视频，学生都有很多感慨和收获。

观看2017年10月23日"中国共产党第十九次全国代表大会在北京隆重开幕"的内容后，学生在记录表写道："中国共产党十九大的胜利召开，证明我国已进入新时代。中国正在发生改变，我们也要为中国的发展贡献自己的一份力。""这一件件事情无不让我为国家的繁荣感到自豪。梦想在前，路在脚下，希望我们的国家更好、更强！"

观看2019年5月20日的《羊城时政学堂》后，小钧在点评中很感慨地说，看了"中国品牌走向世界舞台"这个部分，为自己是一名生活在当代的中国人感到自豪，为国家的繁荣感到自豪，希望我们的国家更好、更强。中国正在发生改变，中国开始走向世界舞台，自己也要努力，以后可以为国家做一份贡献。小晴表示自己非常喜欢"当护士节遇上母亲节"这部分内容，从真实的故事中感受得到不同工作岗位的人的奉献精神。而小玥则认为，"广式红木宫灯"介绍了广州的民间文化，增加了自己对广东文化的了解。

以观看《羊城时政学堂》的方式，拓宽学生了解世界、了解国家和了解社会的途径，帮助学生打开一扇通向社会、通向国家、通向国际的窗，让他们打破时空局限，扩大视野，提升格局，树立远大志向，激发奋斗动力。

三、时政班会分析事件，形成正确的价值取向

由于经验的欠缺以及自身知识的局限，初中学生处理信息时不能进行全面的反思和思考，缺乏透过现象看本质的能力。我们需要帮助学生通过分析社会事件，洞察当中所蕴含的道德问题，引导学生对社会规范及其价值原则进行思考、分析和判断，促进其对社会规范的认同和信奉，完成品德的建构，逐渐形成正确的世界观、价值观和人生观。

时政微型班会课是一种就具体社会时事展开讨论、分析现象、探讨事件发生的本质原因的活动形式。班会课时间控制在15至20分钟，基本步骤包括课前调查、时事导入、提炼要点、微型活动、分享提升、课后评价。课前调查的目的是了解学生对该事件的认识度和基本观点；时事导入精选时政材料，向学生呈现社会新闻事件；提炼要点是学生通过阅读材料或观看视频提炼要点，老师记录关键词；微型活动是学生针对新闻事件联系实际开展微表演、微辩论、微讲座、微讨论等活动；心得分享是学生分享活动心得，教师总结提升；课后评价是学生根据课堂学习情况，从现象的理解度、观点的清晰度、反思的深刻度对本节课的效果做出评价。

在近三个学期的时政微型班会课中，我们共开展了近30次讨论，其中学生自行选题并组织的讨论有12次。讨论话题涉及政治、经济、体育、科学、安全、教育、生命等十多个内容。微型班会课将小课堂和社会大课堂结合起来，给学生提供了真实情境，帮助他们更全面、客观地认识社会的发展和变化，养成关注社会、思考评议社会现象的习惯；帮助他们理解社会要求，掌握社会规范，培养社会责任感，提高公民意识；帮助他们培养胸怀天下、放眼世界的眼光和大气的人文胸怀、大格局观，引导他们树立正确人生观和世界观。

　　引导学生观察现实社会，通过讨论、辩论等途径帮助他们分清是非，加深对政治和道德价值的理解，是立德树人工作必不可少的重要环节。班主任积极利用读报、观看视频和开展班会课等活动引导学生关注了解国家政策和国际国内大事，分析讨论社会热点问题，在活动中引导学生将个人价值与社会价值联系在一起，将个人成长与社会建设、国家发展联系在一起，帮助学生提高运用所学知识观察、分析、解决问题的能力，促其亲社会行为。读报、看视频、开展班会研讨成为时政教育的常态方式，可以有效发挥时政教育在德育工作中的重要作用。我们将继续探索，不断创新德育模式，推动德育工作落细、落小、落实，提高学生道德素养，实现立德树人的根本任务。

学生的学习俱乐部

教育的真谛不是"输入真理"，而是"组织教育生活"，教师的主要任务是创设各种有助于学生成长的活动情景，让他们体验人生。现在的学生，学习压力挺大的，每天在校要学习各科文化知识，认真听课，回家做作业，有些还要完成家长布置的额外功课。如何让他们既坚持认真学习，又能保持兴趣，并能激发他们的潜能？我想到了学习俱乐部。

中期抽测后，当我把成立学习俱乐部的设想告诉学生时，兴奋、期待洋溢在每个人的脸上，每个人都表现出极大的兴趣和渴望，很明显，学生都支持这个计划。我指定副班长和两个学习委员具体负责这个工作，要求他们先确定成立多少个俱乐部，然后要上网查阅相关资料，了解俱乐部的具体操作步骤和要求。

副班长和学习委员很快制订出了整个计划，首先确定成立"英语俱乐部""语文俱乐部""数学俱乐部""政治俱乐部""音乐俱乐部""寻宝俱乐部""Boys俱乐部"，每个俱乐部要有一个部长和若干个副部长，紧接着做出一张漂亮、精彩、吸引人的海报，张贴在教室里，招募会员，然后各俱乐部的成员讨论、商量出本学期的活动计划。一个星期后，各俱乐部都出色地完成了前期工作，接下来就着手活动的准备和组织了。想不到，学生动作迅速，很快进入角色了。

首先是"政治俱乐部"的辩论赛，题目是《开设特色班的利与弊》，部长查阅了大量的资料，并且要求参赛的正反方必须针对自己的观点准备充分的事实依据，用数据和案例说服对方。辩论开始，正反两方你来我去，各自陈述观点，并给出根据来证明自己的说法，并不断找出对方的漏洞提出疑问和加以反驳。虽然他们只是初一的学生，虽然只是第一次参加辩论，但每个人都显得那么专业、那么投入、那么给力。最后，部长做了总结，全班同学投票判定了胜负。我讲了自己的观点，胜负并不是最终目的，关键是在辩论的过程中增长了见识，丰富了知识，拓宽了知识面，锻炼了胆量，培养了口头表达能力，一举多得。可以看出，学生对这类活动很感兴趣，不但辩论的学生投入，周围的学生也是认真倾听，还不时给出自己的观点，大家完全融入到辩论中。

然后是"英语俱乐部"的第一届英语技能大赛，每组都要参加表演，主要是英文歌曲和小品，唱歌的很投入，演小品的很滑稽，观看表演得很专注。"数学俱乐部"进行了解题比赛，学生互相出考题，看谁的题目好，看谁解答得更快、更正确。"寻宝俱乐部"开展了寻宝、探险活动，可惜部长没有详细解释活动的内容，计划没有得到有效实施。其他俱乐部也在筹备活动中。

在总结俱乐部的活动时，部长们都说，收获了很多课堂上学不到的东西。丰富多彩的班级活动弥补了课堂教学的不足，满足了学生个人的兴趣和爱好，增强了学生间的协作和交流，培养学生的组织能力、责任感和创新精神。学生俱乐部让学生在学习之余有了多样的活动，有助于集体意识的形成，培养了班集体的班级荣誉感和团队精神，希望在以后的教育中发挥更大的作用。

校园生活应该是多姿多彩的，班主任应搭建活动的平台，让学生在做中学，体验和感受成长的快乐，建立正确的价值观，这是任何语言教育都无法达到的效果。

故事中悟人生哲理

教育不仅是传递知识，更是生活。在丰富多彩的教育生活中，人得以全面和谐地成长和发展。每个人在自己的成长过程中，需要不断处理各种各样的事情，参与各种任务，接触不同的人物，在处理事情和完成任务中得以提升综合能力、提高综合素质。每个学生都有这些机会，我们要鼓励他们多尝试、多参与、多体验。同时，我们要尽自己的能力创造机会，要求学生务必参加，特别是当学生没有足够的判断力而不太愿意尝试时，我们的坚持可以为学生们日后成学、成才、成人打下坚实的基础。

我们的"讲故事，品哲理"活动就是一个大家都愿意参加、乐于参加的有意义的活动。讲故事不仅提升了学生演讲的水平，积累了写作素材，还锻炼了思维，学会从多种角度看问题，从生活的小事中探讨人生的意义。

一、讲述我们自己的故事

学生进入初中后，我发现他们平时课间多倾向聊一些游戏、明星小事等话题，于是在初一第二学期我们开展了"讲故事，品哲理"主题教育活动，引导学生反思自身经历以及观察身边人、身边事，把发生在自己身上的事情以及所见所闻以讲故事的形式讲述出来，挖掘故事的深远意义，品味人生哲理。"讲故事，品哲理"活动持续两个多月，全班学生按照值日顺序轮流，每天由两个学生分别讲述发生在自己身上或身边的故事以及感受。每个学生讲完故事后，其他同学找故事的关键词、谈心得、交流看法，我则对学生讲的故事和发言进行点评和引导。

语文老师廖平梦也积极参与这个活动，用语文课的时间教大家掌握讲故事的技巧，还在点评中指出讲故事需要注意三点：第一，提前做好准备，至少要在一个星期前就要选好故事主题，缕清故事脉络，分清故事层次，并把故事写出来；第二，故事要有事，需要通过讲述一件发生过的事情来表达自己的观点，谈自己的感受，总结这件事给自己带来的影响；第三，讲述故事时，需要注意自己的仪表、仪态，放松自己，尽量做到表情自然、神态自如，可以借用自己的手势、眼神等身体语言帮助自己，同时要音量适中、语速适中，让听故事的人听得清、听得舒服。总之，学生需要珍惜讲故事的机会，争取通过讲故事锻炼自己的思辨力、表达力和表现力。

每次听完故事，我会第一时间写下心得，发到班级家长群，和家长以及学生分享我的感受。家长看到我的分享后纷纷点赞，惊喜孩子们有这样的表现。他们还积极回应，谈了自己的想法："刘老师这个讲故事的方法很棒，孩子们可以感受到故事中的意义，对他们以后的生活有很强的指引作用。点赞一个！"。

我的心得主要分成两类，一是鼓励学生，有目的地根据讲故事学生的特点有侧重点地给出建议，让讲故事的学生能从我的点评中悟得我对他们的期望；二是表扬学生，结合学生的故事大力表扬他们的优秀品质，让其他同学向他们学习，积极发挥榜样的力量。

二、鼓励学生做得更好

比如，在听了小蓝和小熠的故事后，我写道：

小蓝和小熠能把自己的故事完整、自然地讲述出来，是令我最开心、最高兴的事。

小蓝一直以来都显得相对少言少语，平时不爱说话，每天都很安静地坐在自己的位置上，几乎从来不主动举手发言，在回答老师的提问时声音也许只有她自己能听见。在班里要好的同伴不多，好像要主动把自己隐藏起来一样，不愿意显露自己，不愿意出现在公众场合，更不愿意主动表达自己的意愿和想法。我曾经建议她每天都要在自己房间大声朗读报纸，增强自信，锻炼自己的胆量以及交友的信心。从今天的表现来看，她有进步，也有更大的提升和改变空间。

小熠和小蓝不同，可能对于自己的学习稍微有点不自信，但好像又没有把主要精力放在学习上，给人用不上劲、不在状态的感觉，时刻需要老师提醒集中精神和做好笔记等。这次在全班同学面前讲故事，看得出小熠还是做了准备的，但似乎有点急于完成任务的感觉。

这也是多数学生或者说是很多成年人都存在的共有问题，急于完成被动接受的任务，完全没有注意到任务完成的质量，没有认真体会、感受自己完成任务过程中的心路历程，没有意识到高质量完成任务对于自己各方面能力提高的意义。其实，知识的增长、能力的提升都是在不同年龄段、不同成长期、不同生活境况完成任务中获得的。人都有懒惰的一面，而懒惰会成为个人成长进程中的拦路虎。在自己欠缺主动性时，朋友、师长、亲友、同事和领导给自己下达任务，抓住机遇，珍惜机会，或许会有很大的改观或改变哦！

希望这次和以后的讲故事可以帮助小熠找回自己对学习的信心和勇气，找回自己专注于学习的精神和状态。

在听了小庭的故事后，我写道：

小庭在故事中讲到，自己外出办事独自走路回家，路过十字路口，绿灯转红，眼看车辆已经慢慢启动，一位老奶奶仍在马路中间，十分危险。他急忙跑上前去护在老奶奶身边，面向车辆示意稍等再通过。待老奶奶安全到达马路对面，他才松了口气，往家的方向走。不久，一位中年男子追上小庭连声道谢，说自己是老奶奶的儿子，还要小庭收下老奶奶给的钱。

总结时，我说这个世界上还是好人多，小庭绝对是个暖男！同学们纷纷点头同意。这次小庭讲故事是一次很大的进步，克服了紧张，以平实的语言、平静的语调完整地讲述了一个故事。

三、表扬学生的优秀品质

比如，在听了小玥和小均的故事后，我写到：

小玥一直是艺术爱好者，在表演上有自己的天赋。上学期学校艺术节上就大放光彩，现代版的"白雪公主"造型和应对巫婆的智慧令同学们印象深刻。讲故事对于她来说自然是小菜一碟。小玥的故事以母女对话未来科技对当今学生影响的形式展开，一问一答之间，非常清晰地将自己的故事讲述出来，同时也抛给我们一个极具思考价值的问题："面对日益先进的科技，我们要做些什么准备，才能处于不被淘汰的状态？"

小钧是个有深度的思考者，平时的发言就与众不同，有自己的观点，有自己的想法，有自己的角度。果不其然，今天的故事以非常轻松的语调讲述出来，却让全体同学陷入沉思。寒假期间，要帮助就读初中的亲戚补习物理，却发现亲戚一无课本、二无配套练习、三无错题集，更让小钧感到有点不解的是，该亲戚一再强调学习很难。针对亲戚认为学习很难这一观点，小钧也向全体同学提出了质疑，班里也有部分同学永远都是以所学知识很难为理由推托，甚至逃避听课、逃避作业。长此以往，以后找工作或碰到其他任何问题都会以这种惯性思维来为自己找借口，用逃避来遮掩自己的不自信，用妥协来掩盖自己的不努力。小钧的故事讲完，全体同学处于沉思中。

浩钧和玥瑶的故事表现力是大家学习的榜样。小钧淡定的神情、用词用句的准确以及对故事讲述时的掌控，小玥神采飞扬、配合着各种肢体语言投入地讲述，让我们沉浸在引人入胜的故事情节中，陶醉在层次丰富的故事表现中，对故事讲述者的表达等综合能力羡慕不已。

在听了小铭和影彤的故事后，我写道：

小铭生性温顺善良，在同学们面前发言时容易紧张，脸涨得通红，很是可爱。他给我们讲的故事不是很长，却吊足了我们的胃口。周日，他约好友一起前往大夫山游览，却发生了一件我们都认为不可思议的事。他们约好2点30分从公交车站一起坐车出发，等了近半个小时好友还没有出现，于是小铭致电好友，好友慢悠悠地回答说还需要等他半个多小时。过了半小时，还是不见好友出现。继续等待，仍然不见好友的影子，小铭确定好友一定会来的。这时，我们等不急了，纷纷询问小铭，好友来了吗？由于有点激动，脸变得通红的小铭笑着告诉我们，5点钟时，他打了个电话给好友，好友告诉他不去了。一听他讲完这句话，全班哗然，这样的好友真的很过分呀！小铭最后总结道，诚信是交友的根本，失去了诚信，我们会失去很多有价值的东西。话音一落，赢得全班热烈的掌声。有耐性就有善性！

影彤非常细腻地向我们描述了她回家路上的偶遇。从图书馆出来，她发现身上只有两元零钱。刚好看见一辆公交车，第一时间跳上车，随着车的前行，却发现与往日回家风景不同：糟糕，上错车了。她只好在车停靠小站时匆忙下车。但零钱已用完，怎么办？她看见旁边一位穿着时髦的女士，小声问她能否给换些零钱坐车回家。漂亮女士对影形的请求没有给出任何的反应，似乎担心影形欺骗她。这时，公交车已到站，情急之下，她决定先上车再说。在车上，她发现可以用微信支付车钱，大喜。可一拿出手机，却发现手机没电了，只好跟司机解释自己现在没有零钱。司机让影形等一会看看是否有人跟她换些零钱。影形非常感激司机能体谅她的难处。不久，一位胖大叔挺着大肚子上了车。影形心里默默祈祷这位大叔千万不要坐在自己旁边，可没等她想完，胖大叔已一屁股坐下来了，让影形很是别扭。能不能跟这位胖大叔换点零钱呢？影形突发奇想，于是大着胆子提出了自己的要求。出乎意料，胖大叔毫不犹豫地掏出两元钱给她。影形道了谢，把钱投进收款箱，回到座位坐下，对胖大叔说要还钱给他，殊不知胖大叔说不用还，影形连忙道谢。在总结时，影形很感慨地说，我们千万不要以貌取人，而是要用我们的慧眼发现人们内心的善良。大家听了，纷纷点头表示赞同。

影形平时也是不太爱说话的女孩，而这次讲故事，我们明显可以感觉到她的语文素养和表达功底。整个故事交代的内容出现多个场景，但她在讲述的时候条理清晰，每个人物的细节描述让我们有一种亲临现场的感觉，人物外貌、性格跃然纸上，声音不大，但吐字清晰，语速中等偏慢，让人有一种很想知道故事结果的期待感。

四、评论时事

随着学生选取故事角度的用心、讲故事能力的提高，故事成了我们一道每天必备的开胃菜，乃至主菜。学生对故事所隐含的哲理领悟透彻，故事结束后的心得分享和争论精彩纷呈。我则引导学生就故事发生的原因或人物的所作所为发表自己的观点，启发他们从故事中学习到各种为人处世的道理，引导他们关注社会事件。

比如，庆嘉讲述的故事引起我们的讨论。外卖小哥在送外卖途中与小车发生碰撞摔倒，手脚受伤破损出血，迅速爬起来，扶正电动车，摆放好外卖，直奔客户而去。我引导同学们探讨"外卖小哥的诚信和身体健康哪个更重要"。

大家都知道，准时送达外卖是约定，也是诚信，事关外卖公司的声誉。而在自己受伤的情况下，还坚持先将外卖准时送到客户手中，此种遵守约定的诚信行为令人肃然起敬。但是，不顾自己的身体安危，又是对自己的不负责任。到底哪个重要呢？

话题一提出来，学生争论起来。有支持"人要有诚信"的，也有站在"人的身体健康最重要"一边的。认为诚信重要的学生说到，诚信是一个人的身份，也是一个人为人处世的标准，必须严守诚信。如果我们随便地抛弃了诚信，如何在这个社会上立足，严重的可能因此失去工作。

而认为身体健康更重要的学生觉得，身体发肤授之于父母，身体才是工作的本钱，失去健康什么都没有了，诚信还有什么用。如果外卖小哥是家庭的顶梁柱，一旦身体受损，就有可能给整个家庭带来影响，可以在恢复身体健康之后继续工作。

大家互不相让，各执一词，争论进入白热化。我引导道："社会需要诚信，社会需要承诺，需要每一个人都按照一定的约定规范自己的言行。这也是一个人的处事根本法则，我们要接受并且学习遵守这种约定、这种公约，不然这个社会就乱套了。外卖小哥在自己身体受伤的情况下仍然坚持送外卖，就是这种遵守公约精神的体现。当然，在情况比较特殊的情况下，如受伤比较严重，可以打电话向客户解释情况，或者叫自己的同事代替自己完成任务，然后自己到医院就医，预防身体受到不必要的第二次伤害。"

从讨论故事情景中辨清价值取向，学习待人处事之道，努力掌握解决问题的技巧方案策略，指导自己学会处理现实生活中遇到的事情，这就是我们听故事、讨论事件的目的所在。

五、故事感悟人生哲理

两个学期，全班同学讲了100多个故事。从学生讲述的故事中可以看到，大家都能够从自己或者他人的生活、学习经历中明白一个事理，总结出一个规律，悟出一个道理。

　　我为班里有这些学生感到骄傲，学生用讲述故事的方式记录了自己人生旅途上值得永远铭记的时刻，用故事帮助自己明晰了成长的意义，起到自我教育的作用，也用故事帮助同伴了解不同类型的成长方式，起到激励同伴进步的榜样作用。

　　故事讲述开始发挥明理智人的作用了！

基于年级特点的课外主题活动设计

　　活动是人类存在的基本形式。"活动在人的智慧、思维、认识的发生过程中起着关键的作用，活动是儿童思维和道德发展的根本动力。"美国教育家索尔蒂斯认为，技能技巧、习俗规则等难以言传的特性，必须在活动、体验中才能把握。活动对学生成长与社会进步中具有不可替代的作用，教育必须重视各种活动在学生学习生活中的作用。初中阶段的学生普遍存在成长困惑，但班主任对学生的引导和教育形式单一、内容重复，教育效果不理想。作为班主任，有必要在课外主题活动上做些尝试，针对学生年龄段特点和成长困惑设计活动，利用课外活动的趣味性和创新性引导学生主动解决每个阶段突出的问题，以活动促发展，在活动中完成学习对象与自我的双向建构，实现自我发展，促进人格的健全发展。

一、课外主题活动的作用意义

　　目前，世界各国都十分重视课外活动，课外活动的开展及理论研究都很活跃。美国的课外活动主要培养学生民主的生活态度和适应生活的能力；加拿大为中小学生推荐参观场所，让学生从中了解自己所生活的这个世界；澳大利亚的学校教育强调课余活动要把全面发展与个性发展相结合；日本中小学不仅鼓励学生参加实践活动，还鼓励学生参加家务劳动，使学生掌握生活的基础知识与技能。

　　课外主题活动是营造和谐班级教育环境的需要。活动让学生走出课堂，增进交往，加强合作，师生在互动中感受开放、民主、和谐的气氛，建立平等的师生关系、亲密的同学关系，让学生在良好的教育环境下愉快地学习、生活。

　　课外主题活动是班级科学管理与发展的需要。活动可以有效弥补班级常规管理、班会课等在形式上、内容上、时间上以及趣味性的不足，课外主题活动注重体验、交流、分享，开发学生活动的原动力，给学生表现自我、锻炼自我的机会，大大增强学生的自信，提高班级管理效率，提升班级凝聚力，打造优秀班集体。

课外主题活动是学生个体成长与发展的需要。活动可以帮助学生解决成长过程中出现的共性问题，使学生在活动当中能够得到感受与体验，增强对自己的认识，推动学生不断发掘自己的潜能以及非智力因素，培养才能和良好个性，从而不断完善自我的发展，培养品质，促进学生全面发展。

二、基于初中年级特点的主题活动

1. 初中学生年级特点

七至九年级是九年义务教育的重要学段，这一时期是一个由半幼稚向半成熟过渡的时期，学生生理的变化引起心理的变化，自我意识加强，想象力发展迅速，创造力不断提高，好动、好乐、好奇、好胜。但他们的认知能力与心理发展水平不平衡，思维的独立性和批判性还处于萌芽阶段，缺乏克服困难的勇气和毅力，遇事欠认真思考，喜欢感情用事，情绪容易躁动，众多问题阻碍了初中学生的身心健康发展。

2. 基于年龄段特点和成长困惑设计活动

针对学生年龄段特点和成长困惑设计活动，侧重通过体验活动引导学生主动解决每个阶段突出的问题，让学生学会处理问题的方法，妥善处理成长当中的困惑。

初中七年级强调适应性，给学生归属感，营造集体氛围，加强养成教育，培养良好习惯，我们设计了"我是谁""老师，请您给我签名""牵着我的手""信任背投""人椅"等活动。

初中八年级强调情感沟通教育，正确引导学生认识爱情，处理对异性的好感需要，促进青少年性意识的发展，给予学生心理疏导和正确观念的引导，保证在健康的心理轨道上发展，我们设计了"阳光男孩、女孩""阳光同桌""阳光学习小组""护蛋行动""我需要你的帮忙"等活动。

初中九年级强调培养和发展独立学习、独立生活的能力，同时为中考做准备，与学生一起了解当下学习情况和状态，设定目标，进行理想、目标教育，我们设计了"初三，我来了""正能量""每日一句话""班级精神""中考，我来了"等活动。

3.课外主题活动设计模式

设计活动：根据学生困惑以及调查情况，班干部和班主任商讨后决定活动的内容和形式，然后召开班会课让大家了解活动目的、操作过程和活动要求，让每个人都掌握活动的流程，减少实施过程中的误解和失误。

实施活动：强调人人参与，以个人或小组的形式开展活动，互相监督、互相帮忙，保证活动的落实。

调整方案：根据活动过程中的学生反馈及时调整方案，以达到活动效能最大化。

活动反思：注重个人思考，首先在小组范围内交流，然后进行班级交流，最后书面落实，以书面形式加强教育效果，延续和深化活动效果。

效能评估：从学生和班主任两方面对活动内容和效果实施评估，了解活动的作用和效能。一是学生自我评价。突出学生在活动中的主体性，学生通过体验、交流和感悟，对自己在参加活动前后的认识和状态变化进行分析和评价，加强对自我的认识。二是班主任的评价。班主任根据学生的活动感受以及活动效果对活动内容等进行评价，改进和优化活动内容。

三、护蛋大行动

在生命主题教育中，开展"护蛋大行动"，以考验学生的保护意识，锻炼学生的责任意识，加强学生的生命意识。

1.活动设计

在生命教育主题活动中，有学生提倡开展一个"护蛋大行动"，强化同学们的生命意识。班干部讨论后，决定从周一到周五，每个学生保护一个生鸡蛋，在校、在家，蛋都不离身，蛋破宣告出局。班主任负责以短信的形式实时报道给家长们，让家长们也参与其中，并给予适当指导。方案一经宣布，大家都跃跃欲试，家长们也很期待孩子的表现。

2. 调整方案

"护蛋大行动"的第一天，许多学生小心翼翼地将鸡蛋重重包裹起来，有些还用铁罐密封起来，可见学生有非常强的生命保护意识。第二天提高了要求，打扫卫生、上洗手间、到电脑室和音乐室等都要将鸡蛋随身携带。第五天再次加大难度，要求带着鸡蛋参加课间操。

3. 活动反思

学生在交流中说道：

"最后我坚持下来了，我懂得：即使是一个小生命，也有它存在的意义。"

"我明白了一个道理：做任何事都要用心，不然会因为一时疏忽大意而造成意想不到的后果。"

"我的蛋在第二天就被我"不小心"摔碎了。这也是培养个人的细心、耐心和责任心。"

"这五天里，我时时刻刻都担心着自己的蛋，细心地保护好它。这个活动体现细心的好品质，这是一个有趣也有益的活动。"

4. 效能评估

本次活动历时五天，全体学生均参加了护蛋行动。到结束时，只剩下11个鸡蛋，成功率26.8%。90%的学生认为活动既有趣又能亲身体验身负重任的感觉；50%的学生深刻体会到平时父母对自己的爱和保护；60%的学生认为自己缺乏细心和认真，导致护蛋失败，等等。从学生的反思中可以看出，他们非常喜爱这次课外活动，趣味性和教育性共存，发挥了学生的主体性，达到了寓教于乐的目的。学生体验到活动带给他们的乐趣和享受，也从活动中提高了认识水平，在活动中学习，在反思中成长、顿悟和内化。

四、驰骋绿茵场

学校开展足球比赛，爱好运动的学生乐坏了。

赛前，大家既兴奋又担心，想赢又怕输。体育委员小马早早确定了上场名单和替补名单，还深入研究对手的实力，组织训练，研究队形。

男生先踢，布置好阵型，两后卫、两前锋，能守能攻。同学们拿出了拼体力的策略，先发制人，居然领先两球，开局不错。殊不知，对方一校队运动员连灌两球，2比2打成平手。点球大战，同学们心态出奇稳定，以总分5比4夺取首场胜利，全班欣喜若狂，振臂庆祝！

第二场是8强角逐。有了经验，稳定发挥，小添和小熙在后场做好防卫工作，小嘉控制好中场，佳奋伺机在前场接到传球，快速向前推进，一脚把球踢进对方球门，一球取胜。

第三场4进2。据爆料，对方有两名校队运动员，看来此"役"困难重重。果不其然，正在大家奋力向前的时候，冷不防对方一个远距离劲射，我们0比1落后。同学们发起反攻。小马、小崔、小欢和小峰轮番上场，守门的旭旭低接高抛，前锋小嘉左突右袭，但都无功而返，只能惜败。

绿茵场上，运动员们奔跑着、追逐着、拼抢着、呐喊着，陶醉于当下。

挥洒着汗水，燃烧着激情，追逐着梦想，青春豪情奔放！

驰骋绿茵场，不为输赢，只为证明我们的认真精神！

五、百味大食会

对于大食会，同学们是渴望已久的。不过，我给他们设置了一小、一中、一大三个难关。小难关很容易被体育委员小马解决了，他设计了一份方案，罗列了大食会中可以做什么事情以及不可以做什么事情，特别将食品卫生安全排在第一位。中等难关是大食会的食物需要自制和购买各一半。大食会期间，同学们一边欣赏着美妙的音乐，一边大快朵颐，享受着买回来的或者自己亲手烹制的食物，不亦乐乎！大难关则是要自制食品的同学分享自己制作食品的心得和感受。不同的食物有不同的味道，而制作食品的过程以及看着同学们分享的食品则是各有味道，有满意的，有难过的，有享受过程的，有觉得辛苦的，有开心的，也有觉得不可思议的。听听同学们分享内心的所感所得吧：

小瑶的关键词是满意。她做的食物获得多人欣赏，色香味俱全，成功地完成了任务。

小幸很享受过程，在妈妈的帮助下炒了一份蛋炒蛋，也乐于和大家分享自己的食物。

而小熙觉得比较辛苦。制作蒸糕工艺复杂，必须非常专注和心细，在尝试的过程中还失败几次。

小予非常开心自己成功制作了一次食品，也满足于自己的成功。

小钲很自豪自己的食物能被大家认可，虽然用了近一个中午的时间来制作，但当大家都围在一起品尝自己的成果时，感觉自己的用心得到了最好的回报。

晓晴给出的关键词是惊讶，惊讶于自己经过不断学习后制作的寿司竟然成功了，惊讶于自己的"作品"被一抢而光。我给她加了一个惊讶，她的寿司与外面售卖的寿司相似度达到90%。

影彤说出了一个让我们惊讶的关键词：痛并快乐着。痛是因为煎炸过程中被滚烫的油烫着了，快乐是自己竟然学会了炸鸡翅，这是以前想都不敢想的事情。我们给她增加一句：学习过程中的期待成功也是一种焦虑式的、煎熬式的"痛"，这是一种对于希望成功、害怕失败的焦虑，也是推动我们前进的动力。

小牧的关键词是不可思议。为什么不可思议？他准备做色拉，却没有准备好色拉酱，时间预设不够充分，只能把切好的水果直接拿到教室。原本担心没有人会欣赏自己的没有色拉的色拉，却被迅速分享完毕。我给出了自己的解释：每个人的风格不同，只要是用心，都会有人欣赏的。

制作食品，有成功的也有失败的，有觉得辛苦的也有觉得很开心的。不过，不管怎样，都没有阻碍大家一起分享美食的快乐。难得全体同学聚在一起、玩在一起、吃在一起，相信这次大食会一定会成为每个学生心目中难忘的美好回忆！

六、外出拓展

户外拓展活动展现了班级的团队力量，也体现了每个人在团体中的角色定位，还让我们看到了同学们的另一面。

"划舟抢滩"考验的不仅是速度，更是同伴之间的安全保护意识。小艺和成云等帮助教练将小舟送到水里，然后固定小舟，确保同学们上船时不会摇摇晃晃。男生自觉地坐在船的两头，将中间的位置留给女生。大家坐好后，岸边的小雪和小婷等将船桨递给船上的同学。三大组有序出发，小舟上的学生奋力划桨，各组组长统一口令："一、二、三，加油！"左右两边协调用力划向滩头，岸上的同学大声呐喊助威。船到岸边，有同学紧紧拉住船只，防止船滑动，老谭伸出手将一个个同学拉上来。全体学生同心协力、目标一致，安全完成任务，体现的是合作精神和安全意识！

"达芬奇密码"轮流翻牌，寻找正确的序号，准确告诉下一个同伴自己翻到的牌的位置。传递正确、清晰的信息尤其重要，更为重要的是，组长和大家一起商量，然后快速制定正确的行动策略，无条件地执行策略，才能迅速完成任务，体现的是服从精神和策略意识。

"泰山救生绳"要求30分钟内所有人员安全到达对岸，依靠的是团结。小毅第一时间告知大家具体的方法，并示范动作；老谭和小艺抢先过到对岸，做好接应团队的保护工作；后方小明和小雷接住绳子，为每一个同学做好跳跃的准备工作。前后左右，全方位的护卫，给予同伴信心，大家配合默契，顺利在20分钟内完成摆渡任务，体现的是团队精神和共赢意识。

"10米高空走钢丝"，大胆的学生毫不畏惧，做好示范作用，在钢丝绳上神情自若。下来后，立刻帮其他同伴穿好安全衣。胆小的学生在众人鼓励下胆战兢兢地上去，一步一晃，站在地上的同学竖起大拇指点赞，大声鼓励"好样儿的"，或者叮嘱"小心，不急，慢慢来"。帮助教练做保护工作的小明、小雷默默地做好收绳工作，确保教练专心引导同学们。高空走钢丝，非常考验学生的临场心理素质，以及突变情况下的应变能力。全体学生一个都不少，全都完成任务，体现的是友爱精神和互助意识。

"成功之路"靠的是自己的毅力，也需要同伴的支撑和陪伴。前进的路上，不能缺少同伴的支持，想放弃的时候，来自同伴的呐喊可以给自己更大的勇气、更多的力量继续前行。40个学生用自己的双手组成了一条通往成功的安全屏障，不管双手多么累、多么疼痛，双手都紧紧地连结在一起，为的是确保在上面爬行同学的安全。在终点的小雷不断提醒同学们继续搭桥，大声呼喊"同学们，坚持"，然后把上面的同学安全地接下来。雨无情地接下着，而同学们丝毫没有受到影响，一个接着一个，所有学生全都成功到达彼岸，顺利完成任务，体现的是奉献精神和助人意识。

整个活动中，高潮部分在反思环节。在主持人声情并茂、感人肺腑的总结引导下，再配上恰到好处的动情音乐，同学们围成一圈，静静地低头沉思，回顾初中三年的点点滴滴，三年共同的学习生活，有欢乐也有悲伤，有成功也有失败，有奋斗也有放弃，有合作也有争执。三年学习即将结束，都没好好看看身边的同学。在主持人的建议下，学生纷纷上前给同学们一个拥抱，说一声感谢。顿时，学生突然感觉到身边的同学是那么的可爱、那么的可亲，真正感受到同窗之谊、手足之情。雨水打湿了每个学生的头发、衣服，泪水湿润了学生的脸颊。此时此刻此情，我相信全体学生将终生难忘！

最后，学生围在中考百日宣誓横幅周围，看着自己庄重签上的名字，高声、响亮地喊出了我们的中考冲刺口号：收获希望，走向成功，铸我辉煌！

军训这个礼物

耀眼阳光下，多数学生在坚持。汗水流下来，不理会；腿发软，顶住；口渴，忍着。昂首挺胸，精神抖擞！少部分学生不断地扭动着身体，左看右望，听着教官发出的一个又一个指令，害怕、紧张、抗拒！不一会，一个接着一个，纷纷举手报告要求休息。学生缺少锻炼，我必须利用军训的机会锻炼他们的意志力！

不同的要求，就会有不同的结果！平时对学生严格一点，他们的意志力、责任感和担当意识就会多一些！

人的成长离不开所处的环境，由人组成的人文环境尤为影响人的发展。不管是在家里还是在学校以及以后的工作单位，都要与人打交道。我们大部分的学习和工作任务都是在与亲人、同学、老师、朋友、同事和陌生人相处中完成的，没有强大的内心，没有相应的经验，没有待人接物的基本礼仪，没有对人的尊敬和尊重，难于达到我们期望的效果。体验、经验、方法、意志等都需要我们在从小到大的成长过程中，通过参加各种活动和与他人接触交往去感受、体会、获得。

初中阶段的学习，不仅仅要掌握更多的课本知识，更需要他们用自己的双眼观察，用内心体会，用大脑思考，用一种接受的态度体验这个大千世界将要发生的一切。家长们要鼓励自己的孩子积极参与各种活动，创造机会让他们在各种环境中完成任务，从而提升自己的综合素质，积蓄更多的知识与经验，锻炼强大的内心面对以后的困难与竞争。

重大任务锻炼的不仅是胆量，更是面对压力下的自我调整和自我适应。从开始的稍有抵触到慢慢地融入，再到最后自然、和谐地展示、演绎，无疑是人生成长中的宝贵财富，历练了强大、平静的内心。

短暂的军训结束了，军训汇报开始了。

不顾掉落的汗滴、隐隐作痛的双脚、疲倦的身体，同学们迈着不太整齐的步伐，喊着响亮的口号，唱着响彻运动场的班歌，按照教官的口令完成一系列军操动作。接着伴随跑操音乐绕着足球场慢跑两圈，最后和着歌曲《感恩的心》边唱边完成手语动作，所有环节一气呵成，在近200名家长以及初一全体老师面前展示自己三天半的军训所学。

每一天的军训感受都是不同的，每个人的感受都是各异的。炙热的太阳照在脸上的刺痛、高温闷热天气下的口干舌燥、教官的严厉训斥、班主任突然的动作纠正、总教官不厌其烦的集体惩罚……这些不熟悉的体验帮助他们逐渐适应、理解、接受任务，到最后能够享受在众多家长和老师面前的展示和表演，这种不断变化的心理过程，就是军训给同学们最好的礼物，终身受益！

军训结束了，这是每个学生难得的人生经历、难得的人生体验，给同学们的内心历练提供了不可多得的机会和机缘。

军训后的班会课是进一步提升同学们思考的难得好时机。

班会课开始，我把军训期间拍摄的照片播放给同学们看。大家边看边笑，边思考我提出的问题：从照片中看懂了什么。子淇告诉大家，班主任拍照的时候抓住了个别同学的瞬间动作；楸鹏说，他看见了同学们的认真；乐言则认为照片突出了某个人，是以某个同学为中心拍摄的；嘉颖说有很多照片是拍同学的某个部位的，如眼镜、汗滴，侧脸。最后我总结到，做任何事情都需要有自己的特点，需要非常专注于当下的任务，这也是我们这段时间要学达成的任务——学会专注。

接着，我邀请了几个同学上台谈军训感受。我边听边引导，还用思维导图把他们发言的要点记录在黑板上。莫钒第一个上来分享了他对女教官的看法："教官很严格，要我们听从指挥，以便学到更多、更标准的动作。但她也对我们很好，在树荫下训练，只要是身体不舒服的同学提出来，都同意他们休息。"钰婷觉得同学们都很认真。肖尧上讲台分享时大家都笑了，因为膝盖受伤，他几乎没有参与训练，还错过了汇演。肖尧说很遗憾没有和大家一起感受军训的辛苦和乐趣。奕熙和陈震都认为，总教官罚蛙跳规范了我们的动作，让我们长了记性，还改正了不少平时动来动去的毛病，个别同学军训后在教室就比以前坐得更端正，上课更集中精神了。

同学们切切实实从军训中收获了许多，总结了心得体会，锻炼了表达，锻炼了胆量，其他同学也从聆听中得到更多的思考角度，这是参与活动增长知识、体会感受、增加多种经验的得益所在。

第六章　交融互爱

教师面对时代的困惑，必须展现出恢弘的视野、虔诚的态度、淑世的热情与创新的勇气。班级生活一定有我的出现，班级学习一定有我的参与，班级故事一定有我的角色。与学生一起学习、一起进步，我陪伴着他们一起成长。

致初一新生家长的一封信

初中是学生成长过程中的关键时期，是身体发育的重要时间段，是学业生涯的重要转折点。面对着新学校、新环境、新同学、新课程，部分初一新生会出现诸如课堂跟不上教师的讲课节奏、自修课不知道做些什么、不会合理安排课余时间、学习成绩波动、羞于与同学老师沟通以及自卑、自负等问题。在这个适应和磨合的过程中，家长一定要把握好监护人的角色，提前了解相关知识，与孩子一起探讨解决问题的办法，让孩子尽快适应新的学习和生活，帮助他们顺利跨入初中门槛，走好第一步。

一、制定一个教育策略

一个人能否成功、成才，家庭教育起到非常重要的作用。初中阶段的学生处于学龄中期（少年期），是从儿童到少年、又由少年走向青年的过渡时期，是人的成长、发展过程中非常重要的一个转折时期，是为学生全面发展、全面提高素质打基础最关键的时期。作为家长，需要制定教育策略：努力营造和谐温馨的家庭氛围，了解成长规律，耐心陪伴孩子，夯实身心健康和谐发展的基础。

二、遵循两个基本原则

陪伴与监督、信任与理解，遵循这两个原则，会让孩子更健康地成长起来，让家长逐渐轻松起来。

陪伴：初中阶段是学生身体生长发育的第二个高峰期，其中身体外形的变化、内脏机能的成熟和性的成熟号称"青春期三大巨变"。生理上的迅速发展成熟与心理机能发展水平不平衡导致他们依然停留在一个相对幼稚的阶段，家长在精神上的支持和保护显得极其重要。

建议：

与孩子一起面对生活上的各种挑战；

与孩子一起面对身体成长带来的烦恼；

与孩子一起面对人际关系带来的苦恼；

与孩子一起面对学习成绩的波动；

与孩子一起去远足、阅读、运动……

监督：这一时期的孩子认知表现出半成熟、半幼稚的特点，对所有事物都感到好奇，自我抑制能力在这段时间最低，容易冲动，做事很莽撞，容易出现许多行为偏差问题，父母一定要对他们加强教育和引导，做好必要的监督工作。

建议：

督促检查作业情况；

叮嘱在外在家安全；

提醒各种饮食安全；

严格控制上网时间；

了解在校交友情况；

随时注意情绪变化。

理解：孩子的独立性增强，总想摆脱对老师和家长的依赖，总认为自己不是孩子了，思维上的创造性和批判性日益增强；情感脆弱，容易出现烦恼、压抑和孤独等消极心境；自我意识发展导致他们个性上出现反抗的特点，家长要在一定程度对他们的种种逆反现象予以理解和宽容。

建议：

承认他们的成人权利；

认可他们的创新言论；

理解他们的自我中心；

接纳他们的易变情绪；

包容他们的反抗顶撞。

信任：逐渐给孩子更多的选择权与决定权，逐渐放手让孩子自行决定，逐渐培养孩子独立自主学习与生活的能力，培养他们的责任意识。

建议：

给予他们交友自由；

给予他们更多支持；

给予他们更多鼓励；

给予他们更多空间。

三、帮助孩子迈过三道坎

俗话说，好的开端是成功的一半。家长需要了解孩子在初一的学习生活中可能出现的问题，和孩子一起分析原因，制定策略，帮助他们及时找到应对问题的方法。

1. 适应三个变化

适应三个变化表

项目	分析	要点
环境	对新环境的不适应会给孩子带来紧张、焦虑等情绪问题	1. 开学前,与孩子一起实地了解、察看上学路线,熟悉学校周边环境;寻找居住同小区或同村一起上学的同学,鼓励他们一起上学和放学回家。 2. 开学后,鼓励孩子和同学一起熟悉学校各功能室位置,在家里主动询问孩子学校环境,帮助他们掌握校医室、老师办公室等学校各场所分布情况
学习	初中科目增多,所学知识内容丰富,教学进度快,初一新生会出现分心、偷懒、厌倦等学习动机不足现象	1. 与孩子一起了解初中各学科特点和要求。 2. 帮助孩子分析自己的学习特点,有针对性地调整或者改变学习方法,争取形成自己的学习风格。 3. 培养主动学习的能力,培养学习习惯,做好预习、复习,学会做笔记,积极参加课堂讨论,准备错题本,每科测试前做好复习等
人际关系	在一个陌生的环境里不善于表达和沟通,可能会出现人际敏感、冲突、沟通恐惧等问题	1. 分析孩子的性格特点。 2. 鼓励孩子主动融入班集体。 3. 教会孩子必要的人际沟通技巧和方法。 4. 鼓励孩子主动表达自己的意见和想法。 5. 教育孩子为班集体多承担义务和责任

2. 努力建立信心

努力建立信心表

项目	要点
鼓励孩子参与学校、班级事务	1. 肯定孩子对新集体的喜欢与热爱。 2. 要求孩子主动承担学校或班级布置的临时任务。 3. 协助孩子积极完成相关任务,及时表扬,提高积极性
鼓励孩子当班干部	1. 支持孩子在学校和班级竞聘各种工作岗位,实践锻炼使孩子性格开朗、明白事理,学会与人交往。 2. 指导孩子参加竞聘的准备工作,提高成功率。 3. 及时了解孩子的班级工作情况,恰当地给出指引和鼓励

续 表

项目	要点
鼓励孩子参加 各种活动	1. 鼓励孩子尝试参加学校的各种综合实践活动，寻找多种发展平台。 2.在保证孩子安全的前提下，让孩子多参加体育锻炼，多参加社会实践，多参加社区公益活动

3.尽快了解自己

尽快了解自己表

项目	要点
帮助孩子了解自己的 学习特点	1. 与孩子一起总结小学学习情况，寻找不足，发现问题，分析原因，寻找对策。 2. 鼓励孩子主动寻求老师的帮助，请教老师各科目的学习要求和方法。 3. 提醒孩子在中段测试后，请科任老师指出自己学习的不足和改进的方向。 4.尝试总结归纳出适合自己的学习方法
帮助孩子了解自己的 性格特点	1. 和孩子学习了解各种个性以及个性特点。 2.尝试帮助孩子分析自己的个性特点以及成因。 3.努力塑造孩子积极乐观进取等个性品质
帮助孩子发展自己的 兴趣爱好	1. 和孩子学习了解体育、艺术等知识。 2.尝试帮助孩子寻找自己的兴趣爱好。 3. 要求和鼓励孩子至少发展两种兴趣爱好，提供必要的资金支持，并做好监督工作，确保兴趣爱好的持续发展

四、家长做好四大工作

为孩子适应初中的学习和生活，家长需要做好自己的本分工作，为孩子的成长提供一个良好的氛围和环境。

1.确定自己的教育风格

在了解了处于青春期的孩子的具体特点后，家长要主动调整自己的家庭教育方式。

民主型。父母既关心孩子，又能尊重孩子的意见。父母与孩子在家庭中处于平等和谐的氛围中，给孩子一定的自主权，并给孩子以积极正确的指导。这种教育方式使孩子形成积极的人格品质，如活泼、快乐、直爽、自立、彬彬有礼、善于交往、容易合作、思想活跃等。

溺爱型。父母对孩子过于溺爱，让孩子随心所欲，父母对孩子的教育甚至达到失控状态。他们总把孩子当成不懂事的婴儿，事必躬亲，总不放心。这种家庭里的孩子多表现为任性、幼稚、自私、野蛮、无礼、独立性差、惟我独尊、蛮横胡闹等。

权威型。父母在对孩子的教育中表现为过分支配，孩子的一切均由父母控制。成长在这种教育环境下的孩子容易形成消极、被动、依赖、服从、懦弱、做事缺乏主动性，甚至会形成不诚实的人格特征。

放任型。父母对孩子除生活外一切不闻不问，对孩子放任自由。这样不但让孩子错认为父母丝毫不关心他们，更严重地还会加深父母与孩子的代沟。对孩子教育的缺位，可能会对于孩子的性格成长造成严重影响，对孩子的终生发展造成无法挽回的损失。

2. 与孩子真诚沟通

全面掌握孩子的特点，准确地估计孩子的发展潜力，有目的地进行教育。

（1）与孩子一起分析自身优势与存在的问题。

（2）与孩子一起分析初中生活可能出现的问题。

（3）与孩子商定手机等电子产品的使用公约。

（4）与孩子商定一个初中阶段的总目标。

3. 定期与老师联系沟通

家长要与老师坦诚相待、相互交流、相互包容、保持一致，形成教育合力。

（1）了解孩子的在校情况。

（2）汇报孩子的在家情况。

（3）寻求老师的支持帮助。

4. 了解有关教育规定和制度

（1）《中小学心理健康教育指导纲要》（2012年修订）。

（2）《中小学生守则》（2015年修订）。

（3）《中学生日常行为规范》。

（4）学校有关规章制度。

学习习惯培养

学习是个体成长过程中必不可少的重要组成部分，是个体逐渐完成社会化的必备条件，是个体完善自我的关键。

学习与前期掌握的知识有关。知识都是有关联的，前期掌握的知识为后面要学的内容奠定了基础。每一个阶段都认真学习并掌握好知识，是学习能力不断提高的关键。当发现自己孩子学习不太理想，家长要做的就是马上补漏洞。

学习与个人意志力有关。学习从来都是一件辛苦的事情，没有对掌握知识的强烈愿望和自我严格要求，人不可能记住这么多的内容。当发现自己孩子欠缺斗志，家长要做的是要他们明白学习的重要意义，明确目标，制订计划，按部就班，按照学科老师的要求完成作业、复习。

学习与成人的引导和要求有关。人都是偏向于懒惰的，特别是在心智不成熟阶段，都是想着办法偷工减料。家人的引导，甚至陪伴，逐渐培养孩子的学习习惯，就非常重要了。基本学习步骤包括预习、认真听课、做好笔记、复习、做作业，缺一不可。

培养良好的学习习惯至关重要。

一、中小学之异同

初一开学一个多月，我很想了解学生对于初中学习和生活的看法。于是利用周五下午班会课时间，我和学生一起谈谈了中小学的异同之处。

我在黑板上画了思维导图，提示他们可以从学习、生活以及遇到的人三个方面讲讲自己的想法。在听清楚我的意图和要求后，各小组马上围坐在一起，畅所欲言，各抒己见。8分钟后，各小组均派出一名同学代表小组发言，一起来看看他们的想法。

第一组和第四组谈了对"学习"这一部分的看法。他们两组认为，初中要学习的科目多，个别科目是以前小学没有见过的，根本就不了解，作业量也大；学习的内容多、难度大，所需的时间也比小学成倍增长，平时的随堂小测和单元测试也让自己有点招架不住；部分科目也很有趣，感觉比小学能够学习到更多的知识。

第二组和第五组谈了对"生活"的体会。对于在家的变化，学生认为早起床是最大的变化，每天都要很早起床赶到学校，交作业、早读。晚上在家作业时间增多导致与家长的交流时间少了许多。个别学生还觉得，要自己独立上学很不习惯。对于在学校，学生用的最频繁的词汇就是"多"：学校设备多、任务多、会议多、锻炼多、活动多，同时，纪律严格而又课堂生动。

第三组和第六组谈了对"人"的感受。升入初中，家长对自己更严格，要求更高，有些家长不理解自己。老师很严格，也很善良，常给学生压力；教学速度快，教学方法不同于小学；每个老师的方法各异，作业也不少。同学多了，可以互相学习的朋友也多了，还可以找到知己。不过，也有些同学难以交流和交往。

看来，学生的体会和感受都挺深的。那么，他们是否有自己的解决方法呢？

子淇的方法简单直接，大声告诉我们："欣然接受，改变心态，寻找方法，提高效率。"楸鹏想了一会，小声说道："适应变化，主动改变。"肖尧想了很久，找不到合适的词，我提示他说说自己的真实的做法即可，他马上反应到，说："面对学习上的挑战，为了提高成绩，多举手，多发言。"俊辉则直接了当地说："乐观面对，严格要求自己就行了。"在听了大家的解决办法后，德森来到讲台总结道："初中真的很难，特别是英语和语文，我只能多背诵、多记忆了。"

下课前，我问大家这节课是否帮助自己了解更多的初中生活以及是否知道如何应对变化了，近五分之四的学生高高举起右手。我感觉这次讨论帮助学生了解了初中和小学的不同之处，引导大家探讨了适应变化的对策，教育效果良好。

不过，由于学生的自制力、自控力和自主性还处于上升阶段，我们要做的是帮助他们了解问题，一起分析问题，并找到解决问题的方法，还要引导好、督促好、多交流、常提醒。

这次班会课为开展学习习惯培养做好了思想和心理准备。

二、明确具体操作

利用周一的班会课，我和学生明确了培养学习习惯的具体操作，对预习、听课、笔记、复习和作业五大部分做了讨论以及解读。

第一组认为，预习首先要把课文看一遍，了解文章大意，然后寻找中心意思，对未知的内容提出疑问。子淇补充说，还可以用"5W"的方法自学，用思维导图梳理内容。

第二组总结到，听课需要做到心到、手到、眼到和口到，始终集中注意力于老师的讲课内容，记录内容时可以用黑色笔、蓝色笔和红色笔分别标注不同的重点内容。

第三组总结了做笔记的要点，他们觉得可以用不同的符号标明内容，记录关键词，课后还可以用表格和思维导图整理笔记，还需要用"看、圈、记和听"四个关键词提醒自己做好笔记，以及用课外资料补充课本内容。

第四组强调复习是巩固知识的关键一步，强调抄写对于课文重点的记忆作用。

第五组认为作业是检测当天学习情况的重要手段。首先要找准关键词，认真读懂作业题目；其次，完成作业后要检查，避免漏做以及回答不完整；最后，要养成书写工整的习惯。

作为补充，我强调了两点：一是上课一定要集中精神，紧跟老师的讲课步骤，认真理解和记忆，参与课堂讨论，不允许随意打断老师的授课，特别是故意扰乱课堂正常秩序；二是在知道了预习、听课、笔记、复习和作业的重要性以及掌握了具体操作的基础上，务必坚持一段时间才有效果，学习成绩才有变化，千万不要因为怕辛苦而半途而废。同时，我告诉学生，家长的参与是我们培养良好学习习惯的重要保证，我们可以邀请家长们积极配合我们、监督我们，一起完成这个艰巨而又有意义的任务。

三、学习习惯培养——关于表格

为更好地实施学习习惯培养这个活动，我制定《学习习惯培养登记表》，方便学生每天记录自己的学习情况，也希望通过这种方式帮助学生统一认识，也起到互相监督的作用，提高执行力。

《学习习惯培养登记表》里有预习、听课、笔记、复习和作业五个项目，学生每天下午放学前都要对自己的五个项目进行自评。如果当天已经做到，就在这个项目用"√"表示，然后交给组长，组长根据他们的实际表现进行评价。晚上，家长也相应给出评价。第二天早上，全体学生上交表格给班主任。班主任逐个了解学生的情况，指出存在的问题，了解原因，给出相应指导。到了周末，需要进行本周总评。总评由学生自己或小组讨论，或者由小组长或家长进行评价。

四、学习习惯培养——关于座位

开学初的座位是根据全体学生的身高依次安排的，存在各个小组成绩不均衡的问题。中段测试后，根据级排名调整了座位。班级分成8个大组，每组6个学生，两两并排坐，每组三排，每个大组的成绩基本接近。组长由班级排名前8的学生担任，副组长由班级排名第9~16的学生担任。组长和副组长同桌坐在每组的第二排，组长负责前面第一排的两个同学，称为A组；副组长负责后面第三排的两个同学，称为B组。

各大组的学习、生活、纪律和卫生值日捆绑，组长要安排收发作业、值日等人员，统筹组规、组员间的沟通和合作等事宜。值日班长每天都对各大组打分，每个月评比一次。

课堂学习上，A组三个人和B组三个人分别就笔记、练习或者测试的内容开展讨论，有不同意见或者答案不一致的时候，组长和副组长商定答案，然后辅导各自的组员。如果组长和副组长不能确定答案，就要请教老师。

组员之间约定规范各自的行为，组员之间的互相学习和互相帮扶提高了积极性和自信。

五、学习习惯培养——第一周

我们在努力、在行动！学习习惯培养第一周，学生和家长积极按照要求培养学习习惯。

从课堂表现来看，绝大部分学生上课精神集中，认真做笔记。从值日班长的值日报告看，课堂上绝大部分学生能够认真听讲并做好笔记。从家长的反馈看，在家预习、复习和作业都有完成。也有家长提出，自己孩子的学习仍是不自觉，拖沓、丢三落四，没有做好预习。从收上来的《学习习惯培养登记表》看，学生能够做好自评，组长能够根据组员的实际情况做好记录，家长们也反映了孩子在家的学习情况。

不过，我发现部分学生的表格中家长打钩部分的笔法与学生的笔法一模一样，怀疑是学生自行代替家长做的评价。我及时将这种现象告知家长。我们的登记表需要家长评价，真正的目的是要各位家长积极参与引导和指导学生的学习，让学生感受到家长对他们的关注。希望家长们不要推托自己的责任，每天都要关注学生的学习，并坚持一段时间，希望通过这种方法培养学生的学习习惯。

同时，提醒家长周末做好三件事：①在周评上填写孩子在家的学习情况，以便班主任针对存在的问题组织个别学生或者小组讨论，商定具体的改善措施；②帮助或者吩咐孩子自己去买布质的文件包或者资料袋若干个，下周要求分科整理好试卷以及学习资料，每个学生都要收拾好自己的课桌；③吩咐孩子收拾好家里的学习用具、书本、资料，整齐摆放，家长拍照后上传到家长群。我们的口号：提高学习能力，从整理学习用具、整理课桌开始。

六、学习习惯培养——个别情况了解

利用午练时间，我和几个学生聊了聊家长评价中提到的丢三落四、不自觉、懒散等问题。根据他们的介绍，主要问题是：①忘记带作业回家；②做了作业忘记放回书包带回学校上交；③做作业走神，注意力不集中；④没有时间或者不愿意预习和复习。

针对第①个和第②个问题，我建议他们在上完课后把各主要科目的课本和作业、资料直接放回书包，避免放在课桌的抽屉里忘记带回家；在家里做完一科作业后，先整理好该科课本和作业放回书包，然后再拿出另一科，不留任何的课本和作业在书桌上。

针对第③个和第④个问题，我建议家长买个闹钟，根据作业量和自己完成作业的速度设定完成作业的时间。比如7:30开始做语文，把闹钟调至8:30，这个时间段内必须完成作业，中途不可以上洗手间、喝水、到客厅看电视等，直到完成该科作业才可以休息。所有科目作业完成后，迅速浏览一下当天的笔记或者重点内容作为复习，然后大声朗读下一个学习内容作为预习。先有复习和预习的习惯，然后再慢慢提高复习和预习的质量。

七、学习习惯培养——关于作业

每个学生对于作业都有自己的态度，作为老师或者家长，需要给他们发出一个明确的信号：完成作业是帮助自己掌握知识最有效、最快的方法，必须认真、独立完成。

在强调作业重要性的同时，我也会告诉学生：①碰到有难度的作业，需要认真查看课本，或者翻阅相关资料，养成独立思考的习惯；②如遇到真的不会做的个别题目，可以在题目旁边写上"老师，此题不会做"，但一定要交作业，这是态度问题；③作业中的错题就是知识没有掌握的部分，需要认真听老师的讲解或者请教老师、同学，然后整理成错题集，每次测验、考试前只需要看错题集即可，大大提高了复习的质量和效率。

八、学习习惯培养——小组总结

针对第三周的学习习惯培养情况，每个小组的组长组织全体组员进行了讨论，总结了存在的问题。组长给每个组员的表现做了文字总结以及打分，对整个小组的情况做了总结。

第一小组总结的内容：满意作业情况，早上回校能够自觉上交作业，不用催交；课桌和抽屉整洁；小组成员能够按时完成预习；以前出现过上课讲话、违反纪律的现象，经过调整改善了很多，组员之间能够互相提醒；做笔记的速度还要再快些，不要因为补笔记错过知识点。

第二组总结的内容：大家都可以认真填写学习习惯表格；小组上课和课间的纪律逐渐变好，自觉性有了提高；组员之间要互相监督，多鼓励他人。

第三组总结的内容：小君和小豪有显著进步，课堂学习状态很好；其他同学的作业完成质量很高，每个人都向好发展；值日卫生、仪容仪表有待提高。

第四组总结的内容：刚开始时，个别同学作业漏交、迟交、不预习、听课不认真、不做笔记。我们定了一条组规：上课说话者写检讨，第一个说话的要找到第二个说话的才能减免。组规实施之后，纪律好了很多。

第五组总结的内容：小欣很诚实，如实填写表格里的内容，总体来说不错；小颖作业有待提高，上课偶尔说话，希望以后会更好；小钒作业很好，不过有时会说话，笔记没有做好；小逸作业认真、上课认真，笔记做得好，课前预习、课后复习都好。

第六组总结的内容：有人坚持下来，有人半路回头，有人没有任何行动，也有继续努力的。比如小尧，一开始不配合，到现在勇于承认错误；小俊一直在进步，一直在努力，对每一件事都很认真；小茵一直都很认真；小蓉每天都制订好计划，严格要求自己，但作业有点小疏忽，要更加努力；小鹏上课要更加认真才行。

第七组总结的内容：预习、听课、笔记、作业和复习都有了明显的进步。笔记和作业两方面做得最好，每个人的笔记都很工整。不过，有个别同学在老师上课时候说悄悄话或者发呆。

第八组总结的内容：每个人都很认真地整理了课桌抽屉，最好的是小然。每个人都很专注地听讲，该讨论的时候积极参与，但小柚和小言讨论时喜欢讲一些与题目无关的话题。每天的预习和复习都认真完成，遇到不会的问题能够请教老师或者同学。不过，作业完成不够好，有迟交和欠交作业的现象。

九、学习习惯培养——班会课"习惯成自然"

学习习惯培养已四个星期，我利用班会课时间与学生进行了一次小结。在班会课中，我首先要求学生做了一个小游戏：变换握手的姿势让学生了解到人都有不同的习惯，然后解释和定义习惯。接着，用《小铁链拴住大象》的故事说明习惯的重要性，然后探讨好习惯和坏习惯对于人成长具有的积极意义和消极意义。接着玩第二个游戏：要求学生迅速找到某一期英语双语报。结果，平时能够整理课桌以及学习资料的学生能够很快找到报纸，而部分课桌凌乱的同学，连报纸在哪都找不到。游戏结束，学生更加认识到好习惯的重要性。然后，我们一起回顾了前几个星期学习习惯培养的情况，表扬做得好的学生，也指出存在的问题。最后，我提出了进行小组期末考试大比拼的计划，希望各组学生互相监督提醒，努力养成好的学习习惯。

十、学习习惯培养——总结

历时五个星期，从预习、听课、笔记、复习和作业五个方面开展学习习惯培养，个人参与，小组监督，家长叮嘱，班主任每天收齐《培养学习习惯登记表》并逐份检查，采取记录、评价和打分的方式，共同探讨中小学的不同学习方式以及培养学习习惯的重要性，一起分析了预习和笔记等各部分的具体实施策略，还用班会课"习惯成自然"进行了阶段性总结。最后，学生对自己的预习、听课、笔记、复习和作业进行打分，并写下了心得体会，家长也反馈了孩子的优点以及存在的问题。从打分情况来看，多数学生对听课、笔记和作业打分较高，得分均在8分以上，而对预习和复习这两个部分则是以6分和7分为主。

小佳在总结中写道："通过活动，我提高了对自己的认识。总体上能够更加约束自己，提高了自觉性，开始学会规划自己的时间，大部分作业在学校完成，回家则可以读书、复习。不过，预习没有坚持下来，也没有用很多时间进行复习，基本上看看所学知识，没有深入复习，作业有些马虎，笔记写字慢，记录内容不多。"

小佳的家长在反馈意见中写道："进入初中后，学习自觉性提高，自律能力有很大进步，感谢班主任以及各位老师的用心培养。小佳学习效率较高，较专注，愿意学习，但是对知识点不求甚解，不够努力，不能坚持预习和复习，态度不够端正，要改正！"

小鹏在总结中写道："学习习惯有了好转，知道最适合自己的学习方法，坚持完成作业，但是听课质量有待提升。"

小鹏的家长在反馈意见中写道："通过一段时间的培养，小鹏的学习习惯有了一定的改善，也体会到良好的习惯对学习的重要作用，但还是处于改善阶段，需加倍努力。"

小蓉总结道："经过自己的努力，我从一个漫无目的自己变成了可以每天给自己制订计划、监督自己的人，让我学会了对自己"狠"一点，受益匪浅。"

小蓉的家长总结说："小蓉从不是很认真学习到认真学习，能够看书、多做练习，做事比以前认真，但细节上要加强，要更加努力。"

从数据统计看，学习习惯培养活动基本上达到初定目标。96%的学生已经有重视学习习惯的意识，38%学生养成了良好的学习习惯，60%学生初步养成习惯。从作业情况看，欠交作业情况有所减少。从课堂表现看，学生积极认真，专注于课堂活动。从精神面貌看，绝大部分学生认可班级的学习习惯培养活动，认可班集体，集体荣誉感进一步提升。

好的习惯会让自己一辈子受益，而不好的习惯则会阻碍自己成长。有意识、有针对性、有计划、坚定地修正一些生活、学习和工作中的不良习惯，可以给自己带来很大的好处。学生正处于可塑性强的发展阶段，如果家长和老师能够给他们一定的指引和监督，肯定会帮助到他们。不过，人的惰性是根深蒂固的。为培养学生的各种良好习惯，我们需要更多的信心、耐心以及坚持的毅力。

黑板上的温馨提示

　　教育不仅是知识内容的传授，还包括对生命内涵的领悟、意志行为的规范和灵魂的启迪。班主任对学生的教育不应局限于课堂或班会课，要每时每刻都发挥教育的作用，就必须善于寻找突破口，让教育无处不在、无时不在。

　　教育学生，如果我们尝试做些改变，会起到意想不到的效果，发挥潜移默化的作用。教育的形式可以是多种多样的，有变化才有新意，有新意才会引起学生的注意，有了注意才会起到教育的作用。温馨提示就能起到随时教育学生的作用。

　　我养成了一个习惯，经常在教室黑板的某一个角落写些温馨提示，告诫或提醒学生要注意的事项，让他们在特定的时期得到一些警醒，防微杜渐。

　　这些提示可以分成几类：①做人的道理；②名人名语；③积极的心理暗示；④重大事件前的叮嘱；⑤正面评述。

　　"做人的道理"和"名人名语"对学生的激励作用是不言而喻的，让学生明白做人的基本原则和道理，感受名人的风采，帮助他们树立信心，让他们有积极进取的人生态度，能以饱满的热情投入到学习和生活中去，帮助他们在人生的重要发展阶段确立正确的人生观、价值观和世界观。

　　"积极的心理暗示"和"正面评述"能让学生时刻处在一个积极评价的氛围中，感觉到自己在老师心目中的地位，感觉到自己被尊重和存在的价值。在学生参加比赛或活动后，我都会给予他们高度的评价，告诉他们我能够感觉到他们的热情、他们的投入和他们的拼搏精神，为他们的付出感到骄傲。比如，在歌唱比赛后我写道："我能感受到大家在赛场上的巨大能量，我看到了大家比赛的努力和付出！"旅游回来时写道："这次旅游显示出我们班学生的良好素质，上下车有序，男生有绅士风度，女生有大家闺秀的风范，游览途中有礼貌，不起哄、不围观、讲文明，与老师分享自己的感受，结束时没有忘记感谢司机！"

每年的家访后我也会将家访情况反映在黑板上，让学生知道自己的优点和存在的问题。如："家访印象1：同学们能主动问好、带路、倒水；主动参与谈话，回应老师和父母的问话；知道自己的优势和不足之处。""家访印象2：同学们对父母心存感激，表示要努力学习，如某某同学、某某同学……""家访印象3：学生能理解父母的苦心和关爱，希望用成绩来回报父母。"

学生看到我写在黑板上的温馨提示后，感觉到班主任对他们的信任和支持，在心理上形成一种定势："我们就是班主任所认为的、所期望的那种好学生，我们就要成为班主任心目中的好学生。"有了这种定势，久而久之内化成一种良好的品质，形成了积极进取的好品质。

在一些重要事情前的提示，更让学生感受到班主任对他们的爱和支持。中考前的十多天时间，学生的压力会骤然增大，于是我写道："中考考的是对平时知识的积累，只要平时努力学，绝对不用担心成绩。只要正常发挥出来就行了。""老师与你们同在，放心、大胆应考吧！""人的一生难得有几次大考，好好把握第一次。"给他们起到了稳定情绪和提振信心的作用。

黑板上短短的几句温馨提示，没有大段的说教，没有声嘶力竭的训话，没有反反复复的唠叨，却体现了班主任对学生无微不至的关心，让学生感受到班主任的爱、温暖和力量。

润物细无声，以心灵滋养心灵，学生的生命之花就会绽放得更加绚丽。

想赢，才能成功

初一运动会总分级排名第八，初二第九，初三第一，为什么？

当我把这个疑问抛给学生时，大家都陷入沉思。对于体能和体质相对稳定的学生来说，是强项就不可能退步，是弱项就不可能突然变强。但为什么看起来不可能的事情发生了。

彬彬第一个站起来，稍停了片刻说："我们班的凝聚力强了！""很好的一个观点，有依据吗？"我鼓励他补充自己的说法。"初一时，我们不团结。初二时，没有拼搏精神。"彬彬毫不客气地讲出了自己的想法。"现在大家都想着能为班级做点事情。"他补充道。我表示赞同。初一，我们是比较焦虑的一个班级，学生没有找到存在感，更不用说荣誉感了。我还记忆犹新，初一军训会操比赛，我们是全级最后一名。好在我及时发现学生的状态不佳，急忙调整管理策略，规范要求，严格执行，才有了逐步的好转。

体育委员小马总结到："这次报名，我们根据各自的专长有选择性地报项目，基本上都能拿到名次。"懂得根据同学们的专长做出调配，这是小马作为体育委员的进步。

小添骄傲地说："4×100米接力赛比赛前，我们四个人就定下一定要进决赛的目标。比赛时，每个人都是竭尽全力跑的。"没错，这是由正确的目标导向产生的回报。比赛前，我发现参加接力赛的四个同学利用中午的时间练习交接棒和试跑，这是目标带给他们的动力，动力是赢得比赛的关键因素。

小琳站起来告诉我们，她在报名后进行了有针对性的训练。小曼强调自己在比赛时能够及时总结，调整动作，增加了成功的概率。宇浩则表达了他更高的观点："我们不想被认为只会学习，有一种莫名的压迫感，我们不想输。"还有学生认为自己的潜力被激发了，信心倍增。

听了一些同学的发言，凯晴非常认真地说："这是我们心态改变的结果。""心态如何改变了？"我引导她。"现在是初三了，大家都很珍惜最后的一年，都希望能够留下美好的回忆，都很重视这次的运动会，所以比赛时就会拼了。"

我看时机到了，马上补充道："任何事情，只要重视起来，才会行动起来，有行动就会有改变，有改变就会有成功的可能。想赢，才能成功！"我接着说："对于要参加中考的我们来说，道理是一样的。定下目标之后，就要有不服输的斗志，相信通过自己的努力一定会赢。并且一定要做好打赢这场"战役"的充分准备，关注细节，及时总结与反思。"

渴望成功带来运动场上的团结拼搏直接把学生推上了最高领奖台，成功带给学生发自内心的喜悦和高兴。一次有准备的逆袭式的胜利，让学生懂得要获得成功一定要有想赢的心态。这是全体学生预期中的一次胜利，是学生初中生活中值得骄傲的一次胜利，是学生态度、价值观得到更新升华的一次胜利！

重视当下，做好准备，全力出击，注意细节，成功在望！

有担当的班委

开学第一周，我没有安排小组值日，而是建议班干部暂时值日一周。班长宇浩领命即时安排分工工作，一众班干部不负所望，尽心尽责，打扫拖洗，楼梯、走廊、教室干净整洁，单车摆放标准规范。

随着年级的递增，班干部的重要性越发突出和重要。不管是班长的全面负责，还是副班长小钲的每日读报和收发班级通知，以及小曼的上传下达和接听电话，小瀚的纪律管理，小楠的学习情况记录，玥瑶和凯晴的文娱展示，小欢和小彤的宣传绘画，牧心的日常卫生安排、课室电器门窗管理和小马的排队、领跑、领书发书，在服务班级中的付出是大家认同的，在负责事务中能力的提高是不言而喻的。更重要的是，班干部从及时汇报到大胆判断，再到正确决策，实现了班干部从对班级事务的积极参与到勇于担当的完美提升。

初一上学期刚开学，两男生就因为收缴作业发生冲突。纪律委员小瀚见情势不妙，立刻从后面抱住其中男生，阻止其继续胡为，并吩咐另一男生躲在教室里面不要出来。牧心等担心事态升级，飞奔到办公室向我报告情况。班干部们第一时间控制住现场，让我在最快时间内获悉情况并及时赶到教室，保证了学生的安全，为及时化解冲突提供了时间。

初二下学期某周一早上，第七、第八小组在生活委员牧心的一再催促下，乃然以前一周第一、二小组值日迟到为由，不肯打扫公共卫生地段，经过解释原因后，才很不情愿地打扫了学校小广场，但浪费了早读时间，影响了整个班级的早读质量。以班干部为主的班级评审团对于这两个小组的违规行为进行了评判。在评审团的主持下，第七、第八小组组长在全体同学面前陈述不打扫公共地段的缘由，其他组员补充说明情况。评审团根据陈述集中交换意见，并做出定论。最后，评审团委托一位同学宣布审定结果：延迟打扫广场，理由不成立，并一再狡辩，罚值日三天，并说明审定理由。宣布结果后，第七、第八小组的同学没有提出异议，延迟值日一事完美解决。在处理班级事务中，班干部的果断评定给班级各项工作的正常有序开展提供了保证。

初二的运动会与初一不一样，从买班服到组织同学报名，从入场到结束后的照集体相，都由班干部负责。这个过程锻炼了班干部们的组织、沟通、协调和领导能力，也让每个学生真正体验了一次什么是集体。

在争执声中定班服。运动会筹备期间，是否购买班服成了学生争论的焦点，大家意见不一，买还是不买、买什么样式的，各有各喜爱，很是纠结。在小瑶和凯晴的坚持下，全体同学投票决定班服的样式，最终让全班学生得以在运动会入场仪式上整齐划一而又精神抖擞地亮相。

在犹豫中确定名单。运动会各项目报名一事由体育委员小马负责，男生对运动还是很感兴趣的，很快完成了任务，10个名额满员。女生比较谦虚，总以能力不佳为由推脱一番。劝说她们报名参加运动会让小马很是头痛，我鼓励他逐一寻找该项目最有能力的女生，有的放矢，晓之以理，动之以情。被选中的女生在班级荣誉的感召以及小马的劝说下，也报满10个名额。

勤练喜获一等奖。这次运动会增加了一个项目：入场式。学校不做具体要求，各班可以根据自己班级情况跑操经过主席台，也可以利用2分钟时间展示自己的班级特色。我把这个任务交给班长宇浩，他二话不说，马上与文娱委员小瑶和凯晴制定具体的排练方案，利用自修课和体育课时间组织全体同学认真练习。运动会前一天，她们还向政治老师争取到一节课的时间，加紧彩排。运动会当天，全体学生身穿班服靓丽出场，和着音乐，跳起了她们自己编排的曳步舞。拍照的我虽然不太清楚她们的舞步设计意图，却也为她们的志趣和努力喝彩。

在陪护中增强力量。运动会是一项集体活动，不但考察了运动员的身体素质，更考验了整个班级的团结程度。运动员在比赛场上的辛苦程度可想而知，比拼的是运动技能和技巧，而场下同伴的欢呼激励则是其勇往直前的动力。奔跑中听到广播里传来的鼓励，比赛结束后接过递来的水，终点处等候的搀扶和问候，使得比赛的紧张和疲劳顿时消失在九霄云外。班长宇浩具体安排各个项目的保护工作，学习委员小楠等人写的通讯稿则传递着班级的正能量。

初三时，我将安排参加学校运动会的决定权交给班干部们。班干部商讨后统一意见，全力出击最后一届运动会。体育委员小马在运动员报名方面充分发挥了游说的能力，鼓励同学们填报，并且机智地避开了我们班的弱势项目，集中精力攻取优势项目，然后组织运动员积极训练、熟悉场地备战。在运动会期间，班干部带领同学们不停地为班级运动员加油、呐喊，不仅争得了荣誉，更为班级勇往直前积攒了一份难得的不放弃、不松懈的拼搏精神。

担当责任意识和敢于创新意识已经深深烙在每一个班干部的心里，也必将成为他们成长过程中价值观形成的一个重要部分，是他们人生经历中值得回味的精彩一幕。

而我，看到了正在成长中的有担当的班干部！

收获希望

初三的学习需要学生的积极备战，需要教师的投入，需要教师和学生自身的激情，需要大家的共同努力。班主任应该在整体上对班级做出规划，在不同时期给出相应的指导，以及持续的鼓励和支持，让学生有源源不断的奋斗的动力，为获取丰收做好充分的准备！

一、初三功守道

我们都知道，中考是学生成长中需要大胆迈出的第一步。勇敢面对第一步，是学生进入高一级学校的敲门砖，也是锻炼意志力的最佳时机。如何让我们的学生意识到初三学习对于他们成长的特殊意义和积极意义，是最为关键的。

韩愈说："凡事预则立，不预则废。"班主任必须提供一个实用的、有效的备考策略引导学生稳步前进。班主任要做好中心工作，带动科任老师，激发学生、协助家长。在激发学生方面，可以从研究学生入手，了解学生的特点，制定策略，激发他们的进取心，最大限度激发斗志，使学生精神抖擞地迎接挑战，这是班主任最需要思考的一步。

"企者不立，跨者不行。"意思是刻意踮起脚尖想站得更高一些，反而站不稳；迈着大步想跨过一些地方走得更快一些，反而走不远。凡事要脚踏实地地干，方能长远。初三备考，班主任需要有自己的功守道。初三的功守道是攻心、攻略、攻关、攻坚和攻守。

攻心：备战的前提以攻心为首。态度和目标决定了一个人行事的方向、决心与恒心。初三紧张的学习氛围和即将到来的竞争压力一方面促使大部分学生能够主动起来，但也会加速部分学生出现抵触甚至反抗等心理现象。开学初，班主任要帮助学生摆正心态，了解初三中考对于自己人生的积极意义，就显得甚为重要和紧迫。和学生聊聊天，讲讲发生在自己身上的故事，讲讲他们的师兄师姐拼搏奋斗的经历，利用目标激励和理想前途教育充分激发学生的进取欲望和成功意愿，寻求正能量的支持。可以在班级安排"找不到懒惰的理由""夜读的魔力""水的张力实验""清空回收站"等活动，以达到正心、清心和静心的作用。

攻略：备战的基础以外策略为先。有效的策略可以帮助学生实现层级进步。以小组为单位的共同学习可以有效关注到组内每一个不同特质学生的学习、生活、情感和思想变化。三人小组为一单元，六人大组为一单位。在组长的带领下，分析初一、初二以来每次考试各科的成绩，认清自己的优势与劣势，然后确定学习目标，讨论学习方案，制定计划，张贴海报，创设氛围，以示决心。充分发挥三人小组的互助和互检功能，做好检查作业、监督学习、解答疑难、交流心得和分享得失等工作，做到互相支持、互相鼓励、互相帮助、互相监督。

攻关：备战的要诀以攻关为上，前进的动力来源于每一次的成功。小目标的逐步实现可以激发学生的斗志，每次的月考和学科测验就是学生的过关游戏。班主任要详细分析考试情况，逐次解决考试出现的各种问题，表扬优秀，鼓励进步，激励后进，安慰失败，以殷切的希望关注班级中每一位学生的学习情况和思想表现，以坚定的执行力要求每一位学生严格按照既定计划完成每天的任务。

攻坚：备战的关键以攻坚为要。前行中的障碍，需要用坚强的意志力和忠实的陪伴来冲破。备考的困难是无时无地不存在的，强烈的失败感以及可怜的无助感会把部分意志力稍弱的学生阻挡在每个关口前。班主任的责任，就是要运用自己的智慧与创新为学生消除一切现实存在和可能存在的障碍。一节成功的班会课、一部优秀的励志电影、一次寻求方法的集体小组讨论、一句鼓舞人心的温馨提示、一次砥砺人生的野外拓展、一次理解万岁的家访……都将为学生继续前进铺平道路。

攻守：备战的核心——攻守之道。成熟的心智、积极的心态、正常的心理和稳定的情感情绪是成功的核心所在。面临人生第一次大考的学生，需要一颗强大的内心。班主任需要帮助他们努力达到一个踏实进取、坚持不懈与淡定坦然、自然和谐的平衡。人生的历练帮助我们回顾过去的同时，也给我们增添无限的继续前行的能量。初一和初二的快乐生活与学习是学生最为珍惜与愿意回忆的经历，从倒数50天开始，每天一个学生回顾初中学习生活，述说自己的成长心路历程，展望自己的未来，是锻炼学生心智的好方法，也是帮助他们迅速成长的秘诀。成熟的心智，除了对自己的了解，还需要对自己的肯定以及对考试技巧技能的掌握与应用自如。利用班会课或者自修课，我与学生一起听听音乐，进行一次心理按摩，不断调整步伐、调整心态；利用每次月考以及模拟考试帮助学生了解、掌握必要的考试技巧；利用平时聊天沟通的机会，与学生调整目标，争取最佳期望值，力求稳定发挥，追求最佳表现。

初三备考，需要达到一个全面规划、按部就班、常抓不懈和稳步推进的高效融合境界。班主任的攻守道，与学生站在一起，以百分百的知识储备和绝对掌控自我的心态准备，达到攻与守的平衡，与学生一起迎接人生第一次大考，锻造顽强的意志力，与学生一起走好人生第一步，搭建成长阶梯。

二、不同的要求，不同的结果

在不同的成长环境中，个体之间的差距会越来越大。各种能力的强弱、素质的高低，与个人自身对于成长的需要以及自身对发展的需求有很大的关系。另一方面，在正确引导下，个人主体能动性会发展得更好、更全面。及时的引导、适当的要求，是个体进步、成长的关键一环。为帮助学生更好地健康成长，我们需要给学生提出必要的要求。

部分家长对孩子很少甚至不提要求，任由孩子们肆意按照自己的意愿成长，有求必应，美其名曰不压制孩子们的天性。长此以往，由于人所具有的趋向于享受的懒惰天性，会逐步成为一个做事随意、没有担当、缺乏责任感、没有方向的人。任其随意发展，往往就是毫无发展，甚至畸形发展，这不得不说是家长角色缺位和责任意识缺失导致的。在孩子的成长过程中，家长必须承担起应该承担的责任和义务。

有时候，井底之蛙之所以不愿意走出井底，是因为他们不知道外面的世界是那么的精彩，或者是因为他们没有能力走出井底。家长需要主动帮助他们发展能力，带他们出来看看井外的世界。至于以后他们是愿意继续呆在外面，还是回到自己的"井底"，这是他们个人的选择。帮助他们具备选择的能力，是家长的职责所在。

孩子们一天天在长大，家长每天都在关注着他们成长。这种关注就是一种责任，是一种激励、信任、期望、支持和爱。这种关注必须配合适当的要求，不同时期的适当要求具有正向导向功能，让孩子们认识到做某事的必要性和重要性，必须非常努力地做完、做对、做好当前的事情。

特别是初三，对于正在成长中的孩子来说，是一个认识自己、超越自己、实现突破的关键时期。家长的重视，提出适当的要求，会相应引导孩子走出不同的成长之路。不同的要求，会出现不同的结果。对孩子漠不关心，告诉他们随意就行，他们会灰心失落、缺乏斗志；对于孩子的学习过度紧张，每天在孩子面前转来转去，他们会烦躁不安，无法静心学习；对孩子提出不切实际的要求：务必考上某某名校，又会导致他们压力山大，整天生活在焦虑中，学习效果不佳。正确的做法是充分认识到中考对于孩子成长的重要性和积极意义，从目标商定、过程激励、陪伴监督、真心帮助和平衡心态中给予他们关注和要求，才会让孩子在方向清晰、意志坚定和信心满满中做好百分百的备考工作，才能胸有成竹、游刃有余地正常发挥，完成中考任务，考取期待中的理想成绩。

只有重视了，才会提出要求。有了要求，才有动起来的可能，才有动起来的意愿，才有努力的紧迫感，才有出发的动力，才有结出丰硕果实的可能。

让我们一起来根据孩子们的实力和潜力，对他们提出适当的要求，帮助他们成长起来吧！

三、不一样的初三学生，不一样的帮助策略

中考压力带来的焦虑伴随着青春期的叛逆。初三学生的特点极为明显，大约会出现五种类型的学生。第一类学生会迎难而上，表现出强烈的升学欲望，努力发奋学习，期待自己能考上理想的学校；第二类学生会按部就班，按照自己的节奏或者跟着老师的节奏学习，不紧不慢、有条不紊地学习；第三类学生会感到来自家长的压力，出现焦虑情绪，想考好又怕自己跟不上，有些紧张；第四类学生

本来学习就不太好，会得过且过，甚至放弃自己；第五类学生自己不学，甚至扰乱课堂秩序。

分析出学生的不同情况，班主任就需要寻求不同的策略来帮助他们了。

第一类学生一直都是那么勤奋、认真，班主任需要做的是给他们绝对的精神上的支持以及对他们的信任。需要注意的是，要提醒他们在备考当中有所侧重地超前学习以及平衡自己的心态，不要因为偶尔的失败产生对自己能力的怀疑。优秀学生最担心的是失败，这是班主任老师要特别关注的。

第二类学生一直都是那么的循规蹈矩。这部分学生是班中的大多数，班主任老师可能会不小心忽略了他们，忽视了他们的存在。要对他们寄予厚望，升级标准，提高期望值，平时课堂上重点关照他们，多提问、多展示、多要求，让他们切实感受到班主任对他们的关注，对于他们的稳定发挥甚至超常发挥可以起到一定效果。

第三类学生一直都是那么的焦虑不安。家长对孩子的过高期望，会对他们的正常学习和生活带来极大压力。家长方面，班主任要处理好家长对孩子的期望值问题。用初一、初二的成绩分析他们的实际学习情况，告知家长，过高的期望给孩子造成的无形的压力会导致他们丧失前进的动力，甚至会因为焦虑产生逃避和放弃的可能。学生方面，我们可以运用降低要求和标准的办法，在小组内协商和自己同意的基础上制订每次稍高或持平上一次成绩的月考目标，让他们感受成功的喜悦，从获得感中回归正常的学习，逐步从焦虑中走出来，是这类学生正常发挥或者取得进步的关键。

第四类学生一直都是那么的边缘化。这种类型的学生欠缺学习动力，觉得已经没有希望，想放弃努力。部分家长由于自己的原因，没有认识到中考对于孩子的重要性，不关心孩子学习，不闻不问，令孩子很有失落感。在尝试了个别谈心、和家长沟通协商之后仍然没有效果之后，可以尝试以下做法：

（1）借助同龄人的帮助，鼓励小组内的互帮互助以及监督执行学习计划。

（2）班主任暂时忽略对他们学习成绩的要求，通过各种方式和他们多接触、多聊天，逐渐消除他们对老师的戒备之心和抵触心理，待时机成熟了再慢慢回到学习这个话题上来。

（3）要和家长达成一致观点，一如既往给予孩子关爱和关心，不到最后决不放弃。

第五类学生一直都是那么的令人伤脑筋。我们可以按照下面的步骤，采取特别的做法帮助他们。

第一步，约法三章，互不干涉。班主任首先要消除他们对班级备考的影响，不能让他们的不良行为和情绪影响了其他同学的紧张学习。明确告知他们不能够影响他人，更不能随意地破坏课堂秩序，这是底线。

第二步，有所寄托，给予关注。这些学生往往是缺少了某种精神寄托，生出许多事端。班主任要及时发现他们关注的重点，表示出自己的兴趣，甚至参与其中，和他们打成一片，也许会有出现转机的可能。一般来说，这些学生都喜欢体育，篮球、足球、玩游戏，如果能够和他们一起探讨他们感兴趣的话题，可能会拉近师生关系，改变他们对老师的看法，为实施下一步做好铺垫。

第三步，尊重理解，有所要求。这些学生多数都是因为以前的种种原因才对学习感到厌倦的，如果有老师理解他们的苦衷，尊重他们的失败、失望和失意，他们会从故意对抗中走出来、从放纵中走出来，慢慢地回到大家庭中。毕竟，人都是向往进步的，都有进步的愿景，我们需要主动创设一个氛围，让他们回来。

班主任的心态对班级的运作有很大的影响力。每个学生都很在意班主任对于自己的看法和态度。高度负责任的班主任、表现出对学生极大关心的班主任和积极投入到备考状态的班主任，往往给整个班集体带来拼搏奋斗的气氛。班主任应吹响号角，跟着学生往前冲。

学习再定义

学习的任务是增长知识，还要了解学习的方法以及在学习中不断提升信心，增加对自己的认识。现在对学习的概念有了新的定义，从简单的认知维度延伸到了人际维度和自我维度，这是我们要和同学们一起重新认识的重要内容。

一、学习的乐趣

嘉熠个头不小，每次和他聊天，问他学习情况如何，他都会很腼腆地笑笑说"在努力中"。其实他成绩不算好，是小组中需要帮助的对象。不过，他对自己的健壮体魄却是信心满满的。运动会上，甚至在教室里，他都会很自豪地挽起衣袖，抬起手臂，用力鼓劲做健身状，展示他强壮有力的肌肉，还兴奋地问我："老师，肌肉用英语怎样说？"我摸着他结实的手臂，对他竖起大拇指，对他说："Muscle." "Muscle，大家看看我的muscle."嘉熠非常自信地把自己的肌肉展示给旁边的同学们欣赏。

我很感兴趣地问："你平时应该经常健身的吧？"旁边的小马立刻代替他回答："他每天都有跑步和练手臂力量的。"

"这就对了，锻炼可以让自己的手臂长肌肉。学习是否也一样呢？只要勤加练习，不断积累，也一定会有进步的！"听了我这句话，嘉熠似乎明白了什么。

我们一直强调，学习就是掌握课本知识。其实，这是其中的一个方面。现在的学习不但是要学习文化知识，更需要通过学习提升自己与同伴的人际关系，通过实现人与人之间的和谐相处来提高自己的社会适应性，也需要通过学习来增加对自己的了解和认识，进而实现自我规划和自我发展。

为实现班级和谐发展以及帮助每个学生实现进步的愿望，这个学期，我们尝试了一个新措施：每天上午11:50—12:00，由各组长和副组长提醒组员完成上午的作业，并耐心帮助组员解决作业的疑难问题。组员要积极主动向组长和副组长请教，尽可能在校完成难度大的作业。每天下午自修课17:50—16:00，由各组长和副组长提醒组员完成当天下午的作业，并耐心帮助组员解决作业的疑难问题。组员要积极主动向组长和副组长请教，尽可能在校完成不会做的作业。

在互帮互助的学习氛围中，学生收获的不仅仅是知识以及学习的乐趣，更是和谐的同伴关系。组长和副组长在帮助同学们解答疑难中更加清晰了自己的思路，等于再次复习了学习内容，更加牢固地掌握了知识点。接受帮助的学生则是在平等关系中获得了尊重和理解，以及在交流中了解到优秀学生的学习态度和观点，也掌握了学习知识的方法，增加对自己的认识和了解，提高前进的信心。

明白学习中同伴互助的定义，让学生懂得，班级中的学习可以在共同奋进中取得更大的效果、更快的进步和更好的成绩。正如某位学生说的，能感动自己的那股清流，恰恰是同学……

明白学习中认识自己的定义，让学生懂得，正确认识学习意义可以让自己更加明白为何而学、为谁而学。正如某位学生说的，了解自己，加强自我约束，时刻保持良好的情绪，终会临绝顶，一览众山小。

月考二成绩出来了，嘉熠进步了。

在分享心得时，嘉熠写道："有了些许进步，很高兴！感谢帮助我的同学！以后学习要更加认真，上课态度要端正，努力考好期末考试！"

学习再定义，学习的乐趣欣然而至，温馨的班级氛围油然而生，这种和谐氛围中的同学关系和师生关系为学生的学习提供了安全的心理环境和良性竞争的进取精神，也为个人和班级的发展提供了稳步前进的可能。

二、主动求变，善于学习

月考二班级总结，多数小组都提到，学习退步的原因主要涉及缺乏上进心、学习时间安排以及学科发展不均衡的问题。

缺乏上进心的学生，具体表现就是自信心不足，对成功的渴望程度很低，进而出现上课分心、面对复习中出现的困难预计不足、能力不足。

学习时间安排不当的学生，往往会出现疲于应付作业的情况，每天都是急匆匆、马马虎虎地把作业做完。其实这是浪费时间，更糟糕的是，时间浪费掉了，一点知识都没能掌握。

学科发展不均衡的学生，会因为一两科的分数导致总分的不理想，这是他们的短板。

班会结束后，我单独采访了小彬、小奋和思彤三个学生。他们在这次考试中都有很大的进步。小彬说很清楚地知道自己想要什么，要考上什么高中，自己每天上课都非常专注，在学校尽量把作业完成，在家则按照自己的课程表做一些提高成绩的练习，每天都能完成任务。特别是数学的大题，不懂的就看答案，然后自己琢磨。只有通过练习才能掌握解题技巧，所以提高成绩很快。

小奋说自己有在家复习的课程表，每天晚上都能够针对自己的学科特点有目的地补充一些知识点。遇到不明白的，查阅答案再仔细琢磨，慢慢探求解题思路。坚持下来，收获很大，不但提高了弱势科目的成绩，还进一步保持了成绩优秀科目的优势。

思彤也是有自己的复习计划，尽可能集中精神掌握当堂课的内容，然后每天重点突出一两科的学习，突破难点，提高完成练习的准确率。准确率上来了，信心也就来了。

每个人的学习习惯不同，会形成不同的学习风格。不同的学习风格，就会影响学习效果的好与坏、学习成效的快与慢、学习信心的高与低。初中学生的学习习惯已有一定的成型和模式，不容易改变，这是大多数学生学习情况相对稳定的原因。但如果发现自己的学习方法和习惯不足以应对当前的学习难度和学习要求时，主动寻求改变还是非常必要的。不改变等于墨守成规、圈地为牢，实现心中目标的可能性就会更小。只有主动适应情况的变化，主动观察他人的方法，学习他人的优点，尝试借用他人的方法，结合自己的思考和实践，逐步摸索出适合自己的一套方法，预期中的变化就是水到渠成的事了。当然，所有这些都是基于自己希望有提高的意愿之上的，再加以实际的行动，并能够坚持下来。

三、继续前行，继续挑战

经过一段时间的打拼之后，学生群体会出现分化。态度上，有人会怀疑自己的能力，认为自己不是学习的那块料，处于焦虑中；有人会质疑自己的目标是否太高，寻思调整目标，降低压力。意志力上，有人会退缩，甚至放弃；而有人会迎难而上，增加时间和精力的投入，有一股不怕苦、不怕累一定要临绝顶的拼劲。

关键时刻，家长和老师的鼓励和支持就分外重要了。抱定只为学生人生道路上多一个重要经历的想法，我们需要做的是认可他们的努力与付出，理解他们的困惑和压力，安慰他们的焦虑和退怯，警醒他们的松懈和浮躁，推动他们的坚持和继续前行！

"懦夫从不启程，弱者死于路上，只剩强者在前行。"耐克创始人菲儿·奈特在他的书《鞋狗》如此写到。

前行的路上，我们可以找到先驱者某些罕见的精神品质。

我希望在世界上留下个人存在的印记。

人生不一定会赢，而我就是不想输！

有了坚定的信仰，一切就顺其自然地出现了。奈特的坚持令他没有倒下来，竭尽全力地跑着不停下来。

而部分学生缺乏的正是这种不服输的斗志，这种证明自己能力的顽强意志力品质！这次备考，是培养他们意志力的千载难逢的机会，错过了就要再等三年后的高考了。

其实，拼搏是一种生活态度、一种人生态度。

我们不能代替学生学习、生活，只能陪伴他们成长，用引导、鼓励、激励和鞭策陪伴他们成长。引导他们明白努力和勤奋的积极意义，明白成长是个人的需要和责任，激发他们学习的欲望，懂得学习的重要性，激励他们不畏艰难、努力前行。共同商定的目标指引他们明确的方向，充分发挥自身优势，逐步朝着目标进发。

鼓励他们及时调整节奏、步伐和心态，不断努力。赞美他们的勤奋和努力，带给他们保持更上一层楼的雄心壮志。落后更需要掌声，失败更需要关爱。不管输赢，陪伴和信任的力量是学生坚持下去的动力，为他们擂鼓助威，为他们加油鼓劲。

鞭策他们时刻保持清醒和警醒，成长需要磨练。没有要求，就缺少了成长的外部环境，懒惰、慵懒、懒散，毫无生气、毫无斗志；没有目标，会失去方向；没有敲打，会陶醉于一时的成功，陷入于空想和幻想中。

一路同行，需要掌声、笑声、欢呼声和发自内心的欣赏和支持以及不断的、及时的提醒。一路同行，需要同伴、亲人和老师的引导、激励和鼓励。建立了支持系统，才有可能走得更开心、更舒心、更快乐，走得更远。

四、如何备战

今天的英语课改上战略探讨课了。战略，往往是成败的关键。

2018年广州恒大队将会迎来本赛季的生死战。恒大是中超的七连冠，但今年不顺利，预期要拿下的超级杯、足协杯、亚冠三个冠军都已无缘，剩下最后一个中超冠军任务，是绝对不能失去的。而上港队，从没获得过冠军，本赛季投入巨大，非拿冠军不可。比赛只要打平，就可以首次举起冠军奖杯。

"假如你是恒大的教练，还有一个星期时间，你将会如何准备呢？"我把问题抛给了学生。五分钟后，小组讨论结束，个人发表意见、陈述观点。小旭首先说："①分析对手的特点，他们有哪些优势、哪些劣势；②针对他们的攻防，做出适当的安排，如派人盯住他们的前锋，重点攻击他们比较弱的后防球员，找到得分点。"不错，毕竟是乒乓球高手，懂得攻防策略。小嘉补充说："我们需要有必胜的心态才行。""这个很关键！"我马上表示赞同。小崔是踢足球的，站起来发言："①心理上，我们要确立必胜的信心；②我们要团结，这是一个团队的共同目标；③我们进行赛前总结。"很有高度的策略。彬彬和凯晴也补充说要保持赛前的状态，分组对抗，确保适当的训练与放松，正常发挥。学生的分析准确到位。

听完学生的发言，我说道："除了刚才大家分析到的内容以及提出来的策略，我们还要注意一点，那就是细节。假设我是主教练，①我一定会不断强调本次比赛的重要性，认识上要统一思想，这场球必须赢，认识到一件事情的重要性是后续计划和行动得以实施的关键；②我要确保每一个上场球员的绝对自信，逐个和他们谈心，了解他们的想法，给他们提出要求；③预设赛场变化：在对方领先的情况下，我要做什么应对；若我方大比分落后，又应该如何应对；若我方领先，是继续进攻还是退缩防守。每一种可能发生的变化都要有一个预案。"学生纷纷点头表示赞同。

讨论结束，我话锋一转，恒大即将面对一场生死战，需要做好绝对完善、完美的准备。那么，即将参加人生第一次大考——中考的我们，是否同样需要做好绝对十全十美的准备呢？

我继续引导，首先要认识到中考对于我们锻炼意志力以及搭建成长阶梯的重要性，我们才有继续前行的动力和可能，才会认真做好每一天的学习。进而分析自己的学习情况，找出自己的优势科目，继续保持势头；找出自己的弱势科目，采取措施，增加复习时间，寻求帮助，查漏补缺，增强自己的竞争力。第三，小组内互学互帮，积极发挥班级和小组的团队共进优势，学习优秀生不但要积极帮助其他同学，助人自助，也要不断监督、提醒其他同学，时刻保持学习的兴趣和学习的劲头。第四，每次月考详细分析得失、改正不足，及时矫正不良习惯，不断鞭策自己要更加认真和专注。知道为什么要做这件事，知道怎样做这件事，确保这件事情按照既定计划运行，成功就在前方！

战略决定成败，只有正确的战略才能引领自己走上正确的备考之路。正确备考，就是中考成功的保证！

一个球队为了提高获胜的概率，需要一个战略。同理，一个人要提升自己、提高成功率，也需要有一个准确的定位，一个正确的战略部署。

挑战自己

寒假30天，学生为中考而努力备战。大家各有各的精彩，各有各的感受，各有各的体会，在分享寒假学习和生活心得时，纷纷道出了努力学习的乐趣，表达了勤奋学习的决心。

小崔说："初三的寒假比起初一和初二要艰苦很多。每天早上起来晨练，接着去补习，然后在家里完成老师布置的寒假作业。减少了娱乐时间，增加了学习时间。只有这样，我才能实现成绩的超越。"

小瀚说："'书香'是我这个寒假最好的概括。每天的大部分时间都是把头埋在教科书了，时间久了，发现书的味道还挺香的，这个'香'代表了知识上的满足；'墨香'，每天早晨第一件重要的事就做数学卷子，一支笔写完墨水了再换一支，写呀写，一盒笔便写完了，墨水都跑到卷子上了，看着数学卷子上密密麻麻的解题过程，我感到满足，这个'香'代表精神上的满足；'饭香'，爸妈见我学习很累，每天给我做好吃的，给予我物质上的需求，这个'香'代表亲情的关爱。这个寒假，真香！"

一、走出舒适区

生命中的重要关口，所做的决定可能影响一生。

一群大雁南飞过冬，途经一个小岛，停下歇息。岛内居住了一位老人，心地善良，把自家喂养鸡鸭的饲料给大雁吃。大雁们不再继续往南飞。白天，大雁们跟着老人在湖里捕鱼吃，晚上住在老人为它们搭建的木棚里。到了冬天，湖面结冰，无法捕鱼，老人拿出饲料喂养大雁。自此，大雁们和老人和谐相处。一个寒冷的冬天，年迈的老人不幸离开了人世，大雁们无法获取食物，全部冻死在小岛上。

不走出舒适区，一旦遇到艰难境况，往往会出现灾难性的结局。正如佳铭所说，不经一番寒彻苦，怎得梅花扑鼻香？不经历风雨，怎么见彩虹？成功的曙光属于每一个奋斗过的人！上学期，许多学生发奋学习、努力拼搏，成绩取得很大进步，小铭全级排名从第465名逐步上升到第179名，小熙全级排名从第604名上升到第213名，小添从全级第572名上升到等371名，可以说实现了质的飞跃。这和他们敢于挑战自己、敢于走出自己舒适区有着很大关系。

走出舒适区，就要在确定自己的方向和目标后，以一种破釜沉舟的坚定信念坚持下去。有一个希望能在钢琴专业上有所突破的学生找到一位钢琴大师，拜师学艺。钢琴大师拿出一份琴谱，说："回去练习，一个星期后回来弹给我听。"学生发现难度很大，但不敢多说，回家认真练习。一周后，钢琴大师很满意，接着拿出第二张琴谱，说："一周后听你弹这支曲。"学生看看琴谱，比上次难度更大，但没有多说一句话，在家闭门苦练，很好地完成了任务。接着是第三支、第四支、第五支……一位钢琴高手正在破茧而出。

长时间的苦练，成就了一位钢琴高手。专业水平的提升，得益于态度虔诚、精神专注和不懈坚持。小添在总结进步经验时说，利用有限时间，找到突破口，不轻言放弃！小熙认为，只要肯努力，绊脚石终会变成垫脚石。

暂时的舒适能带给人一种愉悦感、满足感。走出舒适区，暂时的煎熬养成进取心态，奠定基础，能带来长久的幸福感！

二、拥抱竞争，迎接挑战

人处在一个群体中，竞争是无处不在的。到了初三，这种竞争变得更加明显。为了打下一个良好的发展基础，也为了证明自己的能力，大部分学生都会有拼了的冲劲，每天都像上足了发条的机器钟表，分秒必争，干劲十足。但我们也必须注意到，部分学生表现得很不适应，要应付突然出现的竞争，产生焦虑不安等情绪，影响正常的学习生活。部分学生找不到自己的位置，产生失落感、失败感，然后退而求其次，消极、退避，进而抵触、颓废，躲避挑战，逃避竞争，逐渐失去自我。这是我们非常不愿意看到的现象。

有这样一个哲理故事：铁匠的女儿因压力太大，无法适应紧张的生活，想自杀，父亲得知后并没有劝慰女儿，只是把一块烧得通红的铁块放在铁毡上狠狠地锤几下，随手放进身边的冷水里，"滋"的一声，冷水冒出缕缕白烟向空中飘散。女孩的父亲对她说："你看，水是冷的，铁却是热的，热铁遇见冷水，两者就展开较量———水想使热铁冷却，而热铁却想使让水沸腾。现实也是这样，生活好似冷水，你就是热铁，如果你不想冷却，就要让水沸腾。"故事所透析出来的哲理不言而喻：人生在世，最大的敌人不是外来的，而是我们自己。人要学会让自己沸腾，特别是在面对挑战、面对竞争环境中的时候。我们要帮助初三的学生了解竞争的真正含义，让他们拥抱竞争、迎接挑战，适当沸腾起来。

在美国心理学家罗洛·梅看来，存在感是心理健康的重要标志，存在感的缺失容易导致人的无意义感、无价值感。而敢于拥抱竞争就是确认自己存在的最好体现。在拥抱竞争、迎接挑战中感受到自己的存在，实现自己的价值，获得成就感，寻找到自己存在的意义。在帮助那些面对巨大中考压力的学生时，我们需要引导他们很好地定义竞争的含义，帮助他们激发内心自觉，做好自己，帮助他们在取得进步的时候确认自己的存在感，以进取心态积极应对挑战，拥抱竞争。

拥抱竞争，关键是需要定义竞争的含义。每个人对竞争的定义不同，有不同的解读，不同的解读又带来不同的方向。对于初中的学生来说，我们不能过度强调竞争，但必须强调竞争意识。幸好，学生都一致认同竞争是存在的、无可避免。人在成长过程中会不断地认识自我，在认识自我的过程中就会有意识地把自己与他人做一个对比，在对比过程中很自然地把自己最好的一面展示出来。要展示，就需要有不同，就需要认识到人与人之间的差异。当发觉自己与他人在许多方面都有差距的时候，就需要提高自己的竞争能力了。这种意识是潜在的，也是隐藏在人类基因中为了生存而自带的竞争意识。

拥抱竞争，其实就是激发个人的内心自觉。讨论中，牧心讲得很好："我不跟别人比，我只要比以前有进步的就行了。"多好的心态！初中的竞争不是一种必定要分个上下、分个输赢、分个胜败的竞争，而是在看到差距、看到不足、看到自己无知后的觉醒，是一种激发自己斗志的进取心和上进心，一种不服输的拼搏精神。初中学生的竞争，强调的应该是自己与自己的对比、现在与以前的对比、未来与现在的对比，应该是明确自己的定位，摆正自己的心态，确定自己的方向，明朗自己的优势，明晰自己的短板，刷新存在感，确认成就感。

消除了对竞争的误解，解读了自己需要竞争的对象，明确了自己本身具有的成长意识和进取意识，也就解除了心理上对竞争的恐惧，就能够坦然面对压力，收拾行装，心情舒畅、有步骤地投入到紧张的中考备战中了。

初三的竞争，不为打败别人，而是为了更好的自己。当然，如果内心足够强大，暗中选定一个竞争对象，鞭策自己，也不失为一种锻炼自己的好方法。

助力学生体验宝贵经历

每个人对于每一件事情都有自己的想法，这些想法是人对世界、对人生所持的认识和态度，是人在成长过程中因不断经历的事情而积累、思考逐渐形成的。不同生活经历的人有不同的生活经验，不同的经验形成了不同的想法，这想法决定了人思考问题时的方法以及付诸的行为，不同的行为会得到不同的结果。

学生对于学习也是基于一直以来的学习经历而采取的态度、做出的判断并实施行为的。特别是面对学习困难时，各有各的感想，各有各应对的方法和策略。

现在，在不断迫近的中考压力之下，如何取舍，何去何从，学生会出现多种想法。有的学生感到中考对自己毫无意义而言，直接放弃；有的学生相信命运，相信所有都是注定的，只要一如往常即可，没有必要为此付出过多的时间和努力，也不会寄予任何的希望；有的学生相信通过自己的努力和争取会有很大的上升空间，积极寻求突破。

现在的学生处于身心发展的重要时期，思想、观点等都处于可塑期，成长的环境、地位以及所交往的人都对他有着重要的影响作用。我们有意识、有目的地利用一些契机引导他们正确看待成长过程中遇到的困难和挑战，面对各种问题，就显得非常重要了。

一、百日宣誓活动

珍惜生活中指导学生正确应对事情的时机，帮助学生体验宝贵经历，培养学生积极向上的生活态度，所体现的价值不是一般的奖赏和表扬所能比拟的。

"中考百日宣誓"活动是一次很好的引导学生正确思考生活重大转折点的绝佳机会。分析中考的积极意义，表示自己的无限支持，表达自己的恰当期望，表现自己的参与热情，表扬学生的刻苦努力，理解学生的困惑困扰，鼓励他们进取拼搏等，都将发挥无与伦比的作用，可以引导他们掌握方法，提高解决问题的信心和斗志。

"百日宣誓"给学生的是一个出发的信号，带给他们的是一个众人皆重视、皆努力的氛围，提醒他们一起出发了，要紧跟大部队的步伐，不要掉队、不要胆怯、不要放弃，每个人都在为自己的理想奋斗者、拼搏着。众人行、结伴行、相伴行，一定行。帅旗在他的值日班长日记中写道："十年磨砺，百日竞渡，悬梁刺股，蟾宫折桂，擂响了征战中考的战鼓。"聆听着学生对青春不悔的誓言、对中考无所畏惧的挑战，我明白了中考对年轻生命意志的磨练。任何成绩都不是随随便便就能获取的，在最后冲刺阶段，我们要定好进度，有效补漏，高效补缺。一百天，我们争分夺秒，心无杂念；一百天，我们信心十足，目标坚定！

有了正确的认识，才有正确的行为，才可以顺利解决当前的问题。而每一次的正确认识，都会帮助他们体验人生难得的正向经历，这难得的经历逐渐形成积极经验，形成敢于正视困难的态度和观念，在以后的生活工作中指导他们正确做事。

二、来自爸妈的信

人的成长离不开他人的激励，更加需要自我激励。不管是他人激励还是自我激励，都是为了激发个人内心自觉。只有个人内心自觉了，才能激发前行的斗志，才能保持前进的动力，才能坚定不达目的誓不罢休的意志。

"中考百日宣誓"活动后，我每天读两位家长写给自己孩子的一封信，读完后让他们猜是写给谁的，然后再给他们（信写上学生的名字）。全体学生可以在20多天内每天都听到家长们的祝福和鼓励！

今天上课，我读了柏宏父亲和佳奋父亲给自己孩子的信。在信中，佳奋爸爸说道："请别在最能吃苦的年纪选择了安逸！扛得住艰难，才能配得上梦想！"

柏宏爸爸激励柏宏"在收获的季节，努力拼搏就是胜利"。

小幸父亲在信中写道："你在近期的学习非常拼了，也受到很多的磨难。爸爸想告诉你：每个人都有自己的长处，也有自己的短处，发挥长处时尽量弥补短处，不能因为自己的短处而伤心。青春时，经历些磨难并不是一件可怕的事情，挫折也好，忧伤也罢，都会成为你成长中最宝贵的财富。坚持下去，你会发现这个世界上真正能够帮助你的，就是这份宝贵的挫折。没有经历磨难的青春是不完美的，只要你全力以赴了，结果不重要，因为你的青春无悔！离中考剩下最后的100天了，爸爸妈妈希望你脚踏实地、珍惜分秒、紧跟老师、夯实基础，收获最大喜悦。最后祝愿女儿和全体同学中考取得优异的成绩！特别感谢班主任刘老师和全体科任老师辛勤的努力！"

学生非常安静地听完两封信，若有所思，若有所想……

三、从他励到自励

读完家长的鼓励信之后，我每天安排一个学生讲一个励志的故事或者说一些激励自己和同学们的话，直到中考前一天。让信心和力量陪伴着学生走进考场，考好人生第一试，走好人生第一步。

小熠在激励发言中说道："可怜的蜘蛛结一次网不成功，掉了下来。再次努力，重新结网。屡战屡败，屡败屡战，直至成功。人生何尝不是如此？危机与生机、失望与希望、消极与积极，从来都是交织在一起的。人生一定会有后退、逆境，但勇士恰是在逆境中的奋进者。"

小琳说："我有一个一起长大的好朋友。还记得刚进入中学时，她学习成绩并不理想。一路以来，她非常努力，每天抱着一沓书回家，仿佛知识成了她的精神食粮。很快，她就名列前茅，并一直保持到现在。为什么她可以而我们却没有做到呢？那是因为我们没有拼搏呀！现在距离中考还有九个十天，这九个十天过得一定比你想象得要快得多。也许到了考前几天，你就会开始后悔：为什么初中三年没有努力？为什么考前几十天没有奋斗？可能本来是个考上重点高中的料，因为没有拼搏而旁落普通高中。这多么可悲呀！你跑得快，听到的是风声，这是风给你的掌声和鼓励；你跑得慢，听到的是骂声，这是周围关注你的人给你的敲打和鞭策！不管如何，竭尽全力跑一次，不留余力的耐力跑和加速跑吧！同学们，让我们真正为自己的未来拼搏一次吧！"

相信孩子们一定能够感受到来自父母、同学和自己的互相鼓舞与自我激励，这些励志的祝福将陪伴他们一直奋斗下去。

体育考试

中考的体育考试安排在星期六进行，考场在另外一个学校，需要坐车前往。学生按要求12：40回到学校等车，计划1点钟出发，谁知车久等不来。我原担心学生会满腹怨言，情绪不稳，影响考试。还好，学生纷纷围成几个圈坐在一起，有看书的，有聊天的，有听音乐的，不会因一些小事影响到自己的考试心情，看来平时的教育起到了一定的作用。关键时刻要发挥出水平，平时的修养、锻炼很重要。

两点多，车终于来了，学生排成男女两列，男生有礼貌地让女同学先上车，有绅士风度。初一时我就告诉男生们，无论去哪里，上车都得女士优先，这体现了我们男生的修养和涵养。三年来，男生深刻领会了这种精神，并在实际行动中表现得相当出色，不但外出坐车让座，平时在校园也能感觉到男生对女生的照顾、体贴以及学习上的帮助，完全是一种发自内心的、自然的、真诚的、毫无私念的帮助和关心。

车到考场已经差不多三点了，随车的林主任很着急，催司机开快点，偏偏车在路口被塞住了。前面三辆车的司机较上了劲，都不肯让路，这可把我急坏了。考试就要开始，迟到肯定影响学生的心情，准备运动做得不好会直接影响成绩，那就不得了了。我果断命令，全体学生下车步行到考场。于是乎，我守住路口，学生有序地下车，穿过马路，直奔考场。赶到考场后，只见运动场到处都是考生，前面的班级已经在进行考试。学生放好所带物品，在体育老师的带领下马上进行准备运动，并很快进入状态，压腿、高抬腿、涂活络油，情绪高涨，誓要为中考拿下60分。

体育考试开始了。

先考跑步。发令枪响，我远远看见男生像离弦的箭一样弹射出来，转过弯道后，学生的身影越来越清晰了，每个人都奋力奔跑，一个快过一个，呼啸着从我身边冲过去。而我和几个老师站在跑道边大力鼓掌，大声向学生叫喊着："加油！加油！"很快，七个小组全部考完。我的手掌拍红了，嗓子喊哑了，但能为学生的中考尽一些力，我心里高兴极了。学生很尽力，特别是一些有伤的学生，在最后阶段咬紧牙关，竭尽全力冲过终点线，表现出惊人的毅力和坚韧的意志。三年的教育效果显著，学生知道了什么时候应该认真、什么时候应该拼搏、什么时候应该放松，关键时刻没有任何一个学生随随便便放弃。

跑步结束后，大家都坐在篮球场争取时间休息，有喝水的，有吃巧克力的，有放松的，几个男生还互相揉揉腿、捶捶背。紧接着，自选项目开始了，学生分别到自己考试点进行考试。

我在体育馆看完一些学生的排球和仰卧起坐后，觉得差不多可以稍微放松一下了。山姆突然跑过来找体育老师，说贝蒂腰很痛，我马上意识到可能出问题了，心中不由一震：会不会她的腰伤得很厉害？她的腰本来就痛，又忍着剧痛跑完长跑，是否立定跳远之后腰的问题严重了，要不要马上送医院？要不要马上通知家长？一系列问题很快在我大脑中闪过。

来到运动场，我才知道贝蒂的腰很痛，但并不严重，我心中悬着的一块大石头终于放下来了。了解情况后得知，贝蒂考完跑步后坚持考了自选项目立定跳远，但由于伤痛，成绩很不理想，贝蒂希望能申请缓考。我马上将情况反映给校长，校长第一时间找来表格，我填写完毕后交给体育考试的委员会讨论。不过工作人员告知我们，由于贝蒂已跳完三次，且成绩已打印出来，不可能申请缓考。一听到这，贝蒂很是沮丧。准备了一年多，辛苦只有自己知道，却在最后时刻由于伤痛考差了。在我们几个老师的劝解下，贝蒂接受了现实，在成绩单上签上了自己的名字。

回校的路上，我一直都很自责，作为班主任，我为什么没有及早提醒贝蒂申请择考，为什么就没有问问她是否痛得厉害。我更担心贝蒂因为这件事影响到文化课的复习，影响中考。

回到家，我考虑着星期一如何安慰贝蒂让她振作起来。这时，贝蒂发来了信息："刘老师，谢谢您！不用担心我。我坚信一切都会好起来，现在正努力奋斗着！"

我陷入了沉思：我的学生比我想象中更加成熟、更加坚强，很善解人意。我很感动、很欣慰，有这样的学生，再辛苦也值得！

人生就是这样有得有失，任何一件事都不可能完美。正因为追求完美，人才有不断进取的动力。这次没有做到满意，会激起我们的斗志，下次我们会更努力，做得更好。相信贝蒂能很快走出体育考试的挫折，信心十足、斗志昂扬地备考，把失去的分数拿回来。全班同学也一定能感受到贝蒂的这种不服输的挑战精神，全心全意做好备战工作，在接下来的"一模"、口语考试和最后的中考中释放自己积聚了三年的能量，战胜自己，用成绩证明自己的实力。这就是我的学生，有能力的学生、团结的学生、有思想的学生、不服输的学生、让人佩服的学生、让班主任感到骄傲的学生！

协议手机

学生在学习和生活中，会遇到各种问题，不管是阶段性的问题还是突发性问题，都有一个前因后果，班主任需要从根本上帮助学生弄清楚问题发生的原因，知道问题可能产生的结果以及对自己的影响，一起探讨解决问题的方法，在解决问题中学会生活。其中，手机问题就需要家长和班主任共同商讨策略，需要我们的长期关注和耐心教导，从而帮助学生明确手机的用途，正确使用手机。

一、被收缴的手机

早上第一节课时，我正在教师办公室制作阳光男孩的海报，校长把小旭带到我身旁，并递给我一部手机，告诉我他在上课时候低头玩手机，要我处理一下。这是违反学校规定、很严重的违纪行为。

我问小旭为什么带手机回校。小旭很紧张，以最快的语速说："今晚要去大姨家吃饭，所以把手机带回来。""你经常带手机来吗？"我追问他。"这是第一次，我保证。老师，千万不要告诉我妈妈，不然她会收走我的手机。""你妈妈不知道你有手机？"我觉得奇怪。"是的，我用自己的钱买的。""那你每天都在上网、玩游戏？""每天晚上玩到10点多。"小旭如实回答。

这时，校长又来到办公室，说："在我要他的手机时，这个学生还抵赖，不肯拿出来。"我抬头看看小旭，对他说："你这是态度问题了，小旭。"小旭急忙解释道："这是人的本能反应。老师，能不能不告诉我妈妈？""那你觉得我要怎样处理？"我把问题抛给他。"我保证以后不带手机来学校，以后认真学习，提高成绩。"小旭在苦苦地央求我。我稍微思考了一会。平时，小旭属于不太认真读书的一类学生，但也不会过于出格，性格还是很温顺的。为了避免他做出过激行为导致意外发生，我说："这样吧，你先写个说明，手机暂时放我这，卡你拿回去，我也不告诉你妈妈，怎么样？"好的，谢谢老师！"我让他先回去上课。

第二节课是我的英语课，考虑到校长收缴小旭手机时，同学们都知道了。觉得必须对这件事情表个态，于是在黑板一个角落写下一段话："手机，爱你！恨你！你让我放松，但又让我沉迷于游戏、网络中，让我游离于真实、现实之外，还有可能被学校处分。唉，怎么办？"然后让全体学生大声朗读出来，算是对小旭带手机的一个回应，也是对许多学生沉迷手机的一个提醒和警告。

小旭被发现带手机回校后，我又发现小豪也带手机回校。

综合这两个学生的情况来看，学习上成绩都不理想。小豪还解释说妈妈知道并默许自己可以带手机回校的，而小旭妈妈是不知道孩子有手机的。看来，家庭教育是影响孩子对手机依赖的重要因素。家教比较严格的孩子，能够与家长达成使用手机的协议，在规定时间内使用手机，知道任何物件都有使用规则，比较少沉迷于手机游戏、聊天。而管理不严格或者放任孩子随意使用手机的家庭，则会让孩子有一种可以肆意妄为的感觉，毫无管束的孩子缺少了必要的规则意识和责任意识，滋生许多无法意料到的问题。

二、手机使用协议

手机问题历来是家长和老师比较头痛的问题。部分学生在手机多种功能的诱惑下，手不离机，机不离人，沉迷于聊天、刷屏和游戏中，多少优秀学生从此不再优秀，甚至荒废学业、离家出走，费尽了家长和老师的力，伤透了家长和老师的心。要解决这个问题，还需要一个长时间的教育过程。

在现代社会，不用手机是不可能的，禁止学生接触手机也是不现实的，如何规范使用手机才是最佳的解决办法。

班会课上，我们以小组为单位探讨了手机的利与弊之后，学生签订了不带手机回学校的承诺。

接着利用课余时间，学生以小组为单位拟定了一份手机使用协议。周一的班会课，全体同学通过举手投票的方式对协议的每一条进行了表决，对于没有达到三分之二人数的条目做出修改，直到所有条目全部通过。在投票过程中可以发现，学生对手机的使用有着明确的态度，他们也知道手机使用不当对自己可能带来的影响，同时也会尽力争取使用手机的权利和时间。

使用手机协议

第一条 不使用自己的零用钱、压岁钱私下买手机。

第二条 与家长协商，确定在家使用手机的具体时间段，邀请家长监督自己使用手机的时间。

第三条 周一至周五下午前上交手机，需要使用手机要说明情况，并征得家长同意。

第四条 周末用手机最好是看新闻，周末每天上网时间保持在三小时以内。

第五条 周末使用手机时不浏览不良网站。

第六条 周末使用手机时做到吃饭、交谈时不玩手机，不在被窝里看手机。

第七条 如果违反规定，应接受家长的惩罚。

第八条 任何时候都要听从家长的劝阻，不和家长发生冲突。

说明：

（1）本协议经过八个小组商议拟定，由班长归纳总结。

（2）本协议为规范学生在家使用手机，避免因手机使用问题而导致学生过度沉迷于手机聊天和游戏而制定。

（3）若执行期间发生冲突，家长和学生双方要冷静处理，避免破坏亲子关系。如有必要，可以提交班级评审团，寻求解决办法。

签名（学生）：

签名（家长）：

其实，讨论和商定协议只是一种形式，目的是希望学生在这个过程中感受到家长和老师对他们的关注以及关爱。手机协议是一张纸，但学生认可它的作用，说明学生还是愿意以坦诚的态度和家长以及老师共同探讨成长过程中的疑惑和敏感话题，这是教育者和受教育者之间互相尊重和互相理解的最好体现。如果大家能坦然地面对问题，相信很多问题就不成为问题了。

管理要大处着眼、细处着手，更要常抓不懈、持之以恒。

班级管理要以人为本，在尊重学生年龄特点和成长规律的前提下，保证管理的有效性，保持管理的连续性，确保管理的权威性。缺乏有效的管理，学生会无视学校和班级的规章制度要求，逐渐蔓延出各种不正之风；缺乏连续性的管理，学生会产生违规的侥幸心理，不断制造出各种问题；管理失去了权威性，学生违规的成本不断下降，挑战规章制度就成为了家常便饭。

班级管理要遵循全面规划、系统设计、应急有效和及时处理的原则。在系统规划方面，有必要设计出各项目的管理细则，要求全体学生学习，了解掌握；在预防突发事件方面，有必要出台应急事件方案，保证突发事件得到合理妥善处理；在日常管理方面，有必要及时处理各种问题的苗头，把问题解决在萌芽状态。

其实，学生成长过程中遇到的许多问题，都需要我们长期坚持不懈地引导才能得以圆满解决，这需要尊重、耐心和策略，更需要时间。

辛苦而又幸福的家访

家访是学校与家庭密切联系的重要途径，有助于班主任全面了解学生，提高教育针对性；有助于解决家庭教育中存在的不合理教育现象；也有助于家长及时了解学校的教育动态，了解孩子的在校表现，向学校以及班主任献计献策。班主任要掌握家访艺术，充分发挥家访功能，增进学生、老师与家长的情谊。

一、遵守原则规范家访

合力教育，目标一致。苏霍姆林斯基说："只有学校教育而无家庭教育，或只有家庭教育而无学校教育，都不能完成培养人这一极其细致而复杂的任务，最完备的教育是二者的结合。"通过家访保持学校与家庭教育的一致性，是学生健康成长的关键。通过家访，跟家长交流情况和交换意见，与家长探讨教育方法，统一认识，既帮助教师改进教学工作，又帮助家长改进家庭教育，从而形成教育合力。

诚恳大方，态度谦和。家访时要尊重学生，特别是有缺点的学生，要从爱心出发，不要以偏概全、一差皆差。应该从表扬其优点开始，打开家访局面；向家长汇报时不要当面告状，不能把家访当作告状的机会，特别不能当着学生的面向家长数落学生；交谈中尽量做到态度诚恳、语气平和、多鼓励、少批评，消除学生的恐惧心理。同时指出其不足之处，提出教育建议。

实事求是，客观评价。家访时，班主任要将了解、掌握的学生情况告知家长，反馈和评价应当实事求是、全面、客观、公正，对学生的优点要说得出、说得准，给予学生充分的肯定和赏识，以求得到家长的共鸣、信任和支持。对于学生的缺点和问题，应客观、委婉地告知家长，商量解决问题的措施和办法。

耐心倾听，平等交流。家访的一个重要内容是听取家长对学生在家庭表现的信息和看法，班主任一定要虚心听取家长的讲述，以便形成对学生全面、准确的看法。倾听之后，心平气和地与家长交流、沟通、分析、交换意见，以商量的口吻议定出学校、家庭相互配合对学生教育、引导、管理的措施，制定加强学生教育的具体途径和措施。家访中，班主任还应主动征询和听取家长对学校、教师工作的意见和建议。

廉洁自律，为人师表。教师是人类灵魂的工程师，是学生的榜样，更是全社会的师表。家访中要注意师表形象，做到衣着整洁、朴素大方，符合教师职业要求，谈吐文明、行为端庄，体现出师表风范。要廉洁自律，不带任何私心杂念、不为谋取任何个人利益而家访。家访中或家访结束时，要婉言谢绝家长各种形式的酬谢。

二、了解学生和家长，做好家访准备

家访之前，应当做好充分的准备，并且要估计到可能遇到的困难和意想不到的情况，做好克服困难的心理准备。

了解学生，明确问题。确定家访对象后，班主任要针对学生的情况具体分析，全面了解拟家访学生的情况。既要全面掌握学生当前现实的思想、心理、身体、学习和表现情况，也要了解学生的既往情况和一贯表现，找出发展变化的原因，明确家访要解决的主要问题，拟定出给家长的建议。

了解家长（家庭），做好应对。家长的性格以及所形成的家庭教育环境影响了孩子的成长。家访前，班主任有必要了解学生所在家庭的育人环境、家长的教养方式以及性格特点、职业、文化程度、收入水平、亲子关系、兴趣爱好、思想品德以及对孩子的教育态度、方法等内容，增加家访的针对性和有效性，提高家访效率。

三、准备内容准确定位

家访前，班主任除了要了解学生和家长以及家庭教育类型，还需要对当次家访的目的有一个准确的定位，拟定所要达到的家访目标，需要根据家访目的确定谈话内容，制定谈话策略。每次家访的内容可以根据实际情况做出选择或组合。

制定家访谈话内容表

年级	年级特点	家访重点内容
初中一年级	学科增多，对学习感到紧张，需要掌握与同学、老师和家长的交往技巧	加强养成教育，开展学法指导，开展人际交往指导
初中二年级	进入青春期，产生青春期烦恼，出现了紧张、焦虑、自卑等心理，出现对抗情绪、逃避、说谎等不良行为	开展自我认识以及青春期教育；了解孩子的心理变化，及时给孩子必要的心理疏导和正确观念的引导
初中三年级	"成人感"更加明显，自尊心大大增强，比初一、初二的学生更渴望老师和家长的尊重与理解	开展理想目标教育；培养抗挫折能力，发展独立意识；设定目标，增加中考应考技巧、心理疏导

四、初一家访

我连续四个晚上进行家访，从6：30分出发到11点多，穿街过巷，一家接着一家，衣服湿了干、干了湿，了解学生的在家情况，反映学生的在校表现，和学生促膝谈心，与家长互换教育心得。

家访帮助学生更好地与家长、老师沟通，更好地了解父母、家长对他们的期望，更清晰地了解自己的优势和不足，更好地明确自己的发展方向和成长目标。家访也加深了老师与学生之间的了解，提高师生间的信任度，维持良好的师生关系，为进一步教育打下基础。

初中第一次家访，我和家长们讨论最多的是学生的行为习惯和与人沟通交流的问题，发现部分学生不善于和同学、老师甚至家长沟通，或是不会表达，或是不屑于和他人交谈，亦或是因为沉迷于游戏等，把自己严严实实地包裹在个人世界里。需要找找原因，制定计划，逐步实施，在规定时间内解决问题，学会处理人际关系，提高待人接物的能力。

其次，我和家长们重点讨论了学生的作息时间和学习习惯问题。从交谈中得知，多数学生晚上都能在9：00前或9：30分前完成作业，部分学生能够在做作业前进行复习，提高作业效率，还能对第二天的知识做好预习，然后再看课外书或听听音乐，大概10：00多睡觉。周六，多数家长允许学生看电视或玩游戏，并且控制好时间，规定时间一到马上停止。多数学生都能严格要求自己，按照自己的习惯和父母的要求安排在家的学习和娱乐时间。

补习也是常谈到的话题，我发现现在的学生还是要强和上进的，主动要求参加补习，加大学习量，拓展知识面，努力提高自己的各科学习成绩。但我告诉家长们，是否参加补习，还是要看学生的能力和精力，如果学生能够按照一定学习方法掌握知识，还是靠自己的努力提高成绩为佳，避免养成依赖补习老师的习惯，导致课堂不专心听讲。第二是精力问题，如果应付补习疲于奔命，耗费时间和精力，反而对学习不利，影响休息，得不偿失。我建议学生还是要多实践、多尝试、多总结，多和学习优秀生学习、交流，提高自己的学习效率，总结出一套符合自己的有效的学习方法，坚持努力学习，肯定能取得好成绩。当然，在学有余力时增加一些课外知识，或满足自己的兴趣爱好，还是要肯定的。

通过家访，我感受到了家长们的热情和学生的真诚。学生很有礼貌，主动迎接老师，倒茶倒水；很上进，每个人都坐下来认真听老师和家长分析自己的优缺点，积极回应老师和家长的提问和要求。希望家访后，学生能对自己有更加清晰的认识，更加了解自己的特点，及早确定奋斗目标，在家长和老师的帮助下更加主动学习，养成积极面对困难、战胜困难的习惯，为自己以后的人生道路打下良好的基础！

家访，辛苦并快乐着！走街串巷，传递着我们对学生的爱和关心。

五、初二家访

家长对班级发展的支持，是教育成功的关键。班主任在做好本职工作的同时，要采取多种沟通渠道，多与家长联系，及时汇报学生在学校的情况，邀请家长参与班级管理，提供班级建设意见，实现家校共育的效果最大化、成效最优化。

共同了解学生成长的特点。初中学生处于人生半幼稚、半成熟阶段，是心理断乳期，也是自我意识迅速发展的时期。由于心理与生理发展的不平衡，他们会出现很多的学习问题、人际交往问题、个性心理问题、情绪问题和各类不良行为问题。在学生迷茫、困惑，甚至不理解、不支持老师的情况下，如何通过多种方式对学生进行教育和指导，采取何种有效策略帮助他们学会解决问题，让学生在自己的指引和帮助下提高心理素质，健全人格，增强承受挫折、适应环境的能力，是教师和家长共同面临的一大挑战。

反馈学生信息给家长。在与学生的共同学习生活中，我会逐步了解学生的优点以及不足等各种情况。这时，需要通过各种渠道将信息反馈给家长，让家长可以及时做出回应并处理。

通报班级活动给家长。每次的班会和活动，我都及时整理活动照片、学生心得资料和自己的总结，通过家校通、QQ群等途径发给家长，让家长增加对班级情况的了解，争取家长的支持。

共同探讨教育难题。利用家访的时间，和家长交换意见，一起探讨教育良方。我们班有个男生，聪明乖巧，但就是懒惰成性，和学生以及家长商量后，我制订了一个"蜕变"计划，家长负责在家监督，我负责在校的表现。在严格的督促下，三方合力圆满地完成了既定计划，该男生也得以稳步前进。

六、初三家访

初三下学期一模前的家访不同于以了解学生和其家庭情况为目的的初一家方，不同于指导学习方法和探讨青春期问题的初二家访，而是着重于激励学生的拼搏和奋斗精神，着重于分析学生当前学习存在的问题，着重于和家长、学生商定最合适目标，制订具体的实施计划。

家长们最关心的当然是自己孩子的学习成绩是否可以让他们考上一所理想的高中。而我除了和他们聊学习状况和成绩，更加关注的是家长们是否给孩子营造了一个适合他们学习和拼搏的环境。

虽然个体的成长主要依赖于自己的主体意识和主观能动性，但学生的成长离不开家长的期望和家长营造的家庭氛围。认识到家长在孩子成长扮演着重要角色的重要性，家长才能勇敢地、积极地、义无反顾地承担起自己的职责。这种职责不仅有爱和付出，而且有规划、要求、规定、约定、监督和提醒以及约束。在爱和规矩中营造出的有生活品质、格调格局和榜样的成长氛围，是学生健康成长的营养。学生不但从这种家庭氛围中吮吸身心健康成长的养分，更能习得作为社会中一份子的责任、担当意识。在家长的影响下，初中学生的自我意识觉醒早，自觉行为愈发显得成熟，对自己的了解、对自己的要求、对自己的期望都会显示出比较高的水平，对自我行为的约束也会更加稳定和严格，反映在学习和生活上，会显得更加有目标、有条理、有秩序。

其中，个别有个性的学生仍然浑然不知时间的紧迫，浑然不觉竞争的惨烈，浑然不理会家长、老师的劝告，我行我素，令人头痛。家长和老师还是要以最大的耐心和最强的诚意协助他们度过成长的"危险期"，理解达成目标对自我肯定的重要性，理解努力完成任务对实现自我价值的必要性，确立正确的人生观和人生态度。努力沟通，增进学生、老师和家长之间的了解，一起分析目前的学习状态和学习情况，明确发展方向，制定中考考试目标，努力备战。

学生教育是一个长期的过程。家访后，班主任需要及时主动地掌握学生家访后的思想与行为变化。同时，及时表扬学生的进步，巩固家访效果。对于家访效果不理想的学生，要重新制订新的教育方案和措施，对学生进行深化教育。每次家访，班主任都需要做好相关记录，认真记录学生的家庭情况、个人情况，认真分析家庭教育对学生成长的影响，写好调查报告，及时总结教育策略，以便提高教育能力。

下 篇

助人至善

善人者，人亦善之。

——管仲

　　敢想善做、务实创新，和工作室以及研究会的老师们共同探索专业发展路径，以达"助人、助己"之目的，让更多的班主任有更完备的知识、更先进的育人理念，帮助学生健康成长，实现"成就他人，丰盈人生"的至善境界。

第七章　专业成长

在学校德育工作中，班主任发挥了极其重要的作用。班主任工作在实践中得到了社会的关注、认可和重视。同时，社会对学校的育人工作寄予了更大的期望，对班主任工作提出了更高的要求，班主任专业化也提升到了一个更重要的位置。

在反思实践中成长

人的发展与其所在的环境息息相关。环境不能决定人的发展，但可以深深影响一个人的发展前景和发展态势。但前提是，在这个环境里的人需要勇敢地适应这个环境，热情地融入这个环境，积极地参与到改变这个环境的活动中。人们的活动影响了环境的形成，影响了环境的质量，又不知不觉地在影响环境中提升了自己的品味、素质以及生活的质量，并在这种有质量的环境中得以持续发展。理论知识的指引和专家的指导给班主任提供了更清晰的思路和发展的方向，同行的互相学习和互相鼓励给班主任提供了更多的支持和帮助，班主任工作中接触到的学生和家长以及要完成的工作给班主任提供了不断反思、不断实践、不断成长的机会。

一、理论知识的指引

掌握并运用理论知识于工作实践中是每个班主任专业发展必经之路。著名专家、教授和学者深邃的思想往往能给班主任的发展带来启发和指引，能够为班主任的专业化发展打下了更坚实的基础。

广东第二师范学院李教授认为，作为德育工作者，特别是班主任，不但要认识理论、亲近理论、了解理论特性，将理论化为理念，指引方向、引领行为、服务实践，更要探求理论、把握理论，寻求名师科研指导，在实践中创新探索，形成自己的理念，提高专业能力。北京市教育科学研究院班主任研究中心赵主任建议建立和完善班主任的经验体系，在掌握班主任的基本素质和技能的基础上，将隐性智慧显性化，将个别智慧普适化，将零散智慧系统化，总结经验模式。北京市教育学院研修学院迟教授认为，班主任要提升了解研究学生的能力、有效沟通交往的能力、班级文化建设的能力以及活动设计与实施的能力，特别是要开展专题研究，这样专业发展之路才更顺利、更顺畅。

我们要不断更新知识、拓宽视野，站在更高的角度看待问题，要用学到的理论知识指导自己的教育工作，用掌握的知识解决工作中碰到的问题，用教育智慧科学地为学生的个性化发展提供服务，为学生的终生幸福奠定基础。

我们要用理论指导日常工作的开展，遵循人的发展规律，使工作更有依据及科学性。我们要学会用专业的眼光分析学生出现的问题，揭示问题的本质以及背后的真正原因，从而找到更恰当解决问题的方法。我们需要研究学生，分辨出学生的类型，以科学家、心理家的态度分析问题，从而帮助学生更好地发展。

"路漫漫其修远兮，吾将上下而求索。"学无止境，只有树立终生学习的观念，才能够使自己的工作充满生机与活力。

二、德育原理的应用

在日常的教育教学中，我们会碰到许多问题，需要我们把学习到的德育原理应用到实际工作中，帮助我们解决问题，提高解决问题的能力。一般来说，我们可以参考以下的理论。

运用美国教育心理学家、儿童发展心理学家劳伦斯·柯尔伯格的道德发展阶段了解学生的认知特点，了解认识德育发展的不同阶段。柯尔伯格认为，人的发展有三个水平，每个水平有两个阶段。第一个水平，个体着眼于自身利益阶段。第一阶段：行为正确与否，完全取决于其物理结果，为恐惧心理所束缚，希望免遭处罚。第二阶段：行为正确与否，看其是否符合自己的需要，考虑自身利益，关心自己的需求；第二个水平，个体服从社会的需要阶段。第三阶段：是否受到别人的喜爱，是否对人有帮助，是否受到别人的赞许，是否关心别人的需求。第四阶段：正确的行为就是完成自己的义务，尊重权威，自觉地为现有社会制度现身；第三个水平，个体自觉遵守社会准则。第五、六阶段：把自己置身于所处社会范围之外，履行自己选择的道德准则。了解学生所处的道德认知水平，有助于我们采取相应的措施帮助他们。

学习美国发展心理学家和精神分析学家艾里克·埃里克森的心理社会理论，关注影响个体发展的社会因素。在学校教育中，小学生处于八个心理发展阶段中的第四阶段（6—12岁），中学生处于第五阶段（12—18岁）。我们应了解埃里克森的理论，帮助我们的教育适应中小学生的发展，帮助学生适应勤奋和自卑阶段。要意识到学生总是在努力保持着积极的自我概念，认为自己是有能力、有价值的个体。对于学生来说，学校是定义成功和失败的地方，教师要帮助学生度过这一个危机。教师对学生的行为评价以及课堂组织的方法，对学生的自我概念产生重要影响。良好的教育建议可帮助学生建立良好的角色同一性，教师是最适合和最有可能帮助学生获得同一性的人。

关注美国当代著名心理学家阿尔伯特·班杜拉的社会认知理论，了解个体通过在环境中观察他人的行为进行学习。班杜拉认为，凡是道德行为的东西，通过学习可以获得，也可以改变，决定影响道德行为的是环境、社会文化关系、榜样和强化等。充分利用这些条件和方法，奖励学生的适当行为，有助于形成和发展学生良好的道德行为。成人的榜样作用比仅仅赞扬要大得多，模仿的作用是很明显的。发展是观察学习的结果，个体观察榜样的社会规范遵从行为与结果进行社会规范的学习。

关注美国哲学家、教育家约翰·杜威"教育即生长"的观点。杜威认为，学生在学校获得两种知识，一是教师专门传授的知识，二是学生受到环境的熏陶、感染和通过人际交往在品格形成过程中逐渐吸收到的知识，即校园文化和班级文化。创设教育环境是教育的使命和责任。杜威在《民主主义与教育》中写道："成人有意识地控制未成熟者所受教育的唯一方法，是控制他们的环境。他们在这个环境中行动，因而在这个环境中思考和感觉。"我们从来不直接进行教育，而是间接地通过环境进行教育。我们创设一个环境，促进学生智力和道德的成长。

关注瑞士心理学家让·皮亚杰的道德认知发展理论。皮亚杰认为，孩童寻求环境刺激促进智力发展。环境促进和规范孩童的学习，学习促进发展。学校教育的最终目的是帮助学生把从学校所学到的知识迁移到家庭、社区和工作场所等日常场景。

关注苏联教育家、心理学家维果斯基的社会建构认知发展观点。维果斯基强调社会环境的作用，认为他人（看管人、父母、老师、辅导员、工具、文化物品）在促进儿童学习发展方面充当向导的角色，儿童在他人的协助下能做到的比他们独自能做到的对他们的心理发展更具预示作用。在他人协助下产生与他人的交往，满足了被关注的情感需要，预示自己是受重视的、被接受的，被需要的，带着愉悦的心情进入学习、生活中。

（本部分摘录于陈琦、刘儒德的《当代教育心理学》）

三、心理效应的应用

初中阶段是学生自我意识迅速发展的时期，心理与生理发展的不平衡，会出现很多的学习问题、人际交往问题、个性心理问题、情绪问题和各类不良行为问题。教师要充当向导的角色，强调教师对班级发展的主导性，突出学生参与班级活动的主体性。在教育教学过程中，我们可以尝试应用"马太效应""超限效应""蝴蝶效应""霍桑效应""标签效应""罗森塔尔效应""异性效应""角色效应""破窗效应"等各种心理效应，做好班级管理、班级建设等工作，充分发挥学生的心理潜能，促进学生的个性发展。

运用"罗森塔尔效应"，发挥"期望"这一神奇的魔力作用。经常鼓励学生，提高学生的自信心，提高他们对自己的期望值和要求标准，促进他们朝着我们期待的、积极的方向发展，帮助他们不断提高自己，不断进步。

运用"鲶鱼效应"，促进班级群体的适当和良性的竞争，激活班级管理的平稳状态，使学生产生危机感，激发学生的学习动力，促进班级快速发展。

运用"角色效应"促进班级学生对角色规定的理解，用适当的角色改变某些学生的心理和行为，力求使他们的行为合乎角色的规范，从整体上提高学生的自我管理能力和自我教育能力。

了解"破窗效应"，防患于未然。和学生一起商定各种应对不良习惯和违规违纪的策略，做到及时、有效管理班级，防止不良现象的蔓延，防止班级学习环境受到更多的不良影响。

运用"参与效应"，发挥学生的主人翁精神，提高工作、学习的积极性。班级发展、班级建设和班级管理都需要全体学生的积极参与，班主任需要充分培养学生的参与意识，提高他们的参与能力，调动他们的积极性，让学生体验到当家作主的自豪感，体验班主任对他们的尊重。

（本部分参考刘儒德的《教育中的心理效应》）

四、了解德育原则

德育原则是我们进行班主任工作必须遵循的基本原则，我们要正确把握德育原则的内涵，提高工作的有效性。

遵循正面疏导原则，相信每个学生都能成才，积极地循循善诱，给学生肯定的心理疏导，激励学生前进；坚持用正确的思想、正面的事实教育学生，通过启发自觉和积极引导，使学生感悟人生的意义，自觉选择过积极健康的生活；树立先进典型，运用榜样示范，展现正面价值，弘扬社会主旋律；以表扬、鼓励为主，疏通思想障碍，使学生明确前进的方向。

遵循知行统一的原则，联系实际，讲清楚道理和理论；组织学生参加各种社会实践活动，引导学生分析、评价和解决实践中的各种问题，锻炼道德意志，提高解决思想道德问题的能力；教育学生言行一致、知行统一，全面评价学生的思想行为；教育学生要树立良好的个人形象，做言行一致的表率。

遵循长善救失原则，要一分为二地看待学生，消除消极的刻板印象，对学生发展的可能性要充满信心；要使学生正确认识自己，扬长避短，自觉开展品德内部积极的矛盾斗争；要根据学生特点提出严格要求，因势利导地化消极因素为积极因素，形成其自我教育能力。

遵循严信结合的原则，要充满爱心，信任学生，平等相待，尊重学生的人格；严肃对待学生的缺点，对学生的要求要深思熟虑、宽严适度；对合理的要求坚持贯彻，对不合理的要求及时改正；要求学生做到的，教师首先要做到，对学生提供真诚的帮助。

遵循连续一致原则，发挥学校教育的主导作用，使学校、家庭和社会对学生的教育影响互相配合；组建各个层面的德育集体，使校内教育影响一致；做好德育的衔接工作，强化计划性和连贯性。

（本部分摘录于葛金国等人著作《德育心理念与班主任工作》）

五、熟悉工作范畴和职责

每个班主任都要熟悉工作范畴和工作职责，了解工作常规，需要在思想教育、班级管理、智育工作、班级活动以及心理辅导等方面担起职责，为学生的健康成长尽职尽责，做好一个班主任应该做的工作。

班主任要认真抓好思想品德教育，开展有意义的教育活动。要在日常工作中认真落实爱国主义教育、理想责任教育、集体主义教育、劳动义务教育、民主与法纪教育、意识形态政治导向与时事教育以及心理健康教育等，努力培养学生的良好品德，把学生培养成为爱国、有社会公德和文明习惯、遵纪守法的社会主义事业的建设者和接班人。

班主任要积极进行班级管理和集体建设，和学生一起制定班级发展目标、班规公约，精心布置班级环境，处理日常事务，培养和锻炼班干部，开展小组建设，指导学生适应学校生活，积极组织学生办好班刊、黑板报、班级博客和微信公众号等宣传工具，认真写好每个学期的评语，切实做好家校共育工作等。

班主任要有效指导学生提高学业质量。要经常与科任老师了解学生的学习情况，共同教好学生；要教育学生明确学习目的，端正学习态度，增强学习责任心，激发学习兴趣，培养学习意志；要指导学生制定学习策略，培养学习习惯，激励他们调动学习的积极性。

班主任要长期关注学生的身心健康。要组织学生开展体育锻炼，培养每天坚持锻炼的习惯；教育学生爱清洁、爱卫生，从小养成良好的日常生活习惯；要主动提高自身的有关修养，学习心理辅导等相关知识，掌握心理教育原则和辅导技术，有效参与心理健康教育和咨询辅导，全方位关心学生的身心健康。

班主任要积极组织班级活动，指导课余生活。要根据学生的年龄特点和班级具体情况组织各类教育性活动、知识性活动和休闲娱乐活动，开展主题班会，组织社会实践，举办学科活动，指导科技活动，鼓励学生参加综合实践、参与各种社团等，努力丰富学生的课余生活，活跃学生思维，有助于身心健康发展，帮助学生全面发展。

（本部分参考葛金国等人著作《德育心理念与班主任工作》）

六、任务驱动下的主动发展

人的发展需要主动性，人的内心自觉是人得以持续发展的关键要素。人的内心自觉除了自身在发展过程中的不断实践和反思得以实现外，需要环境的刺激以及他人的有效指引。人的发展需要自身不断的反思与实践，需要他人的鼓励和适当的要求。在一定条件下，外界的刺激能够让人得以反思、觉悟自己的现状，及时调整状态。他人的真诚有效指引，能够影响个人发自内心寻求成长的需求。

作为班主任，基于为班级学生发展的理由和需求，提高自己的能力带领全体学生进步是个人非常自然的意愿。在相同能力的情况下，任务驱动往往能够让我们的班主任得到更多的锻炼机会和能力的提升。当任务得以完成，收获成果，并感觉到自己知识面的拓宽，感知到解决问题能力的提高，体验到与人合作的乐趣，就会慢慢乐于接受任务，最后勇于主动承担任务，得到更好的发展。

现在，各级班主任工作室的建立、各种研讨活动的相继开展、各种平台的创设均为班主任提供了诸多解决问题、提高工作水平甚至能力的方式方法和措施。比如，QQ群的每周工作案例研讨，任何地方、时间都可以参与讨论。参与这种研讨，和众多班主任一起分析工作案例，听听优秀班主任的成功做法，可以帮助班主任更多地了解学生的学习、思想、纪律和生活等情况，掌握学生各种表现和动态；可以学习正确处理各种问题的方法，掌握正确的策略帮助自己有效解决班级中常见的问题，并在学会处理班级常见问题中提高带班能力；还可以适机找到自己的专业研究方向，提高专业发展能力。以下面的案例研讨为例。

在学校组织的秋游活动中，班主任李老师接到本班学生的报告："王同学跟景区的一名游客因为琐事发生了争执。"如果你是李老师，应该怎么处理？并以"班主任的角色"为话题，结合工作中的实例谈谈你对班主任角色的理解。

参考解决策略：

（1）这是一个应急事件的处理。首先处理现场，把双方分开，避免事态升级。吩咐其他学生去找景区的工作人员，景区发生的事情交由景区处理，并协助景区工作人员解决问题。处理完毕后，要求王同学跟随自己，避免再次发生冲突。

（2）了解事情原由。首先表态，自己是站在王同学一边的，一定会帮助他圆满解决问题。接着，要求王同学详细讲述事情经过，帮助其分析发生冲突的原由。

（3）推测可能出现的严重后果。和王同学一起分析可能会出现的后果，不要因为一件小事导致自己的不快乐甚至身体受到伤害。

（4）了解公共场合应有的礼节。鉴于全班学生都已经知道冲突事件，回校后全体学生讨论：在公共场合，我们应该具备怎样的公民素质和行为举止。讨论并制定出一套公共场合发生冲突的处理预案，让学生学会处理冲突事件的具体措施。

从这个案例来反思班主任角色，班主任应该是一个能够帮助学生分析问题、寻找解决问题策略、提高生活能力的协助者。

在这个案例中，涉及应急事件反应与处理的策略问题，班主任在参与研讨时，可以从其他班主任的发言中了解处理这类事情的程序、所需要的知识等内容。如果班主任能够坚持参与讨论，把学习到的知识在实际中践行，并且不断反思，无疑会帮助自己全面了解班主任的任务和职责，了解班主任工作的性质和范畴，掌握更多提高班主任水平和能力的方法与技巧，全面提升班主任的工作能力，成为一个专业的研究型班主任。

人的改变，有时候缘起于接受一个任务，在完成任务中得到他人的激励，完善自己的想法，提升解决问题的能力。当然，这需要一个过程，一个坚持的过程，一个努力的过程，一个期待自己内心自觉的过程。

班主任工作需要提升到一个更高层次，需要在主动接受任务并完成任务中不断熟练工作的技能技巧，需要积极反思、敢于尝试、勇于实践，进一步提炼观点，提出自己的教育主张，为自己以后的发展定好基调、定好方向、定好目标，更好地用自己的专业知识、专业能力服务于学生，更好地承担起一个人民教师的责任。

专题研究助力专业成长

班主任是中小学的重要岗位，班主任的专业发展已经成为教育发展中的必然趋势之一。实现班主任专业化不仅是社会发展的需要，更是教育工作的必然要求，是教师专业化在微观层次的进一步深化。

一、班主任专业成长过程中的困惑

在专业成长过程中，班主任面临越来越多的挑战。

（1）班主任缺乏相关系统理论的指导，缺乏必要德育教材的指引。在教育实践中，班主任要处理大量的常规工作，并被工作中的各种问题困扰。面对问题，班主任常常感到有心无力、疲于应付、被动解决。

（2）班主任本身自我发展意识薄弱，工作上缺少思考，缺乏研究意识和创新意识，对学生问题无法提前预测，往往是出现问题了才急忙寻找对策，缺乏系统的规划和前瞻性。面对出现的班级或学生问题，不能有效做出指引或处理，造成处理问题能力不强、工作效率不高、成效不大。

（3）现在的学生过于自我、娇气，再加上复杂的社会环境、网络的影响，出现了学生难管、班级难带的现象。同时，家长更加关注孩子的自我成长、生活习惯的培养及意志品质的培养，家长对高素质教育的要求无疑加重了班主任的思想负担。

这些问题不同程度地影响了当前班主工作实践和走专业发展道路的信心。面对新形势下的挑战，班主任急需提高自身素质以适应变革，必须有清晰的研究意识，要植根实践，立足研究，提高专题研究能力，走专业发展之路。

二、专题研究对班主任专业成长的积极意义

英国课程专家斯腾豪斯认为，教师参与研究，成为研究者，可以促进教师专业自主能力的发展，进而达到提高专业化水平的目的。班主任专业化的标准之一就是要有较强的专业水平，具备研究学生、组织管理班集体、组织活动和教育科研等能力。专题研究是班主任专业成长的重要途径之一。开展专题研究可以帮助班主任努力成为自觉创造自身职业生命的主体，做具有自主选择、自主反思、可持续发展的研究型班主任。

1. 专题研究解决常见问题

专题研究培育问题意识，提高班主任预测问题的能力，系统的研究教育计划使班主任可以对常见问题做到有备无患、有据可查、有章可循，增加处理突发事件和常见问题的信心，提高对问题的敏感性和预见性，把工作做得更细致、更完善、更有效。

2. 专题研究提高管理效率

专题研究帮助班主任迅速、及时处理问题，使班级处于正常运转中，提高了班级管理效率和质量。同时，开展的各项活动也提高了学生的主人翁意识，自主参与班级事务，班主任也可以从烦琐的管理中脱身，专心于教育教学中。

3. 专题研究形成班级特色

专题研究推进师生自我解读。活动当中，班主任和学生不断总结，反省工作、学习当中的失误和不足，边学习边实践。在发现问题、分析问题和解决问题的过程中，班主任逐步形成自己的带班风格，学生逐步找到了自我学习的风格和自我提升的方向与动力，班级在专题研究中也逐渐形成学习特色、活动特色、发展特色。

4. 专题研究提升科研素养

专题研究既是班主任素养的重要内容，也是提升班主任素养的重要手段。专题研究推进专业阅读，拓展学习领域和学习内容，在研究中学习，在学习中研究。在研究中培养班主任科研思维方式，提升自身素质，促进专业的自我更新，用科学的思维方式思考教育、理解教育，开展创新实践。

5. 专题研究提高生活质量

专题研究就是要讲究教育策略。利用优势策略指引班主任工作，指导学生高效、健康地学习和生活。一个完整的班级专题活动是对学生教育的整体规划，是一个完整的教育生态链，是教育效率最大化、效果最优化得以完美体现的最佳途径之一。在提升班主任自身专业能力的同时，也提高师生的生活质量，提升生命价值。

三、专题研究的具体操作

专题研究就是植根实践，针对班级工作中的常见难点和热点问题，以解决问题为目的，根据研究项目的特点展开研究，使工作顺利，质量得到提高，取得一定教育效能，并最终上升为一种教育观点的行动研究。

基于解决班级问题的专题研究，一般有以下的操作步骤：

1. 确定专题

根据班级实际情况、学生情况，从班级管理、班级活动、学生常见问题中选定一个存在的亟待解决的问题作为专题研究的内容。然后针对问题查阅相关资料，了解前沿动态和最新研究成果，学习同行的优秀经验，取长补短，做好专题研究的前期准备工作。以初中阶段为例，根据初中学生身心发展特点，我们可以确定值日班长、学习习惯培养、生活行为习惯培养、自我认识教育、青春期教育、人际交往策略探讨、理想目标教育等研究专题。

2. 制定方案

确定研究专题后，设计问卷调查，了解学生对该专题内容的认识情况，分析研究专题的价值，并征询学生意见，选择与专题适合的活动形式，评估活动实施的难易度和可行度，然后制定方案。

以"学习习惯培养"专题研究为例。确定主题后，进行问卷调查，了解学生学习的基本情况，包括学生的预习、听课、讨论、发言和复习情况。调查发现，近30%学生有良好的学习习惯，能够每天复习当天的学习内容，并预习第二天的新内容，但60%学生没有预习、复习的意识。综合调查和观察情况制定如下方案：将整个专题分成四大步骤：第一步，用两个小讨论"对比中小学之不同"和"中小学教育的要求"引入;第二步为重点内容,利用《学习习惯培养表》培养学生的学习习惯;第三步,以主题班会"习惯成自然"为呈现形式的阶段性小结,要求学生参与主题班会的前期准备,收集相关资料,制作PPT,并选出学习习惯养成优秀学生加以表扬;第四步是活动的巩固和延续部分,开展小组习惯大比拼,将活动成果有效地巩固下来。

3. 开展研究

按计划逐步实施方案,做好记录工作,及时发现存在的问题。在研究过程中,根据学生的情况及时调整方案,确保研究的有效性,提高专题研究的成功率。比如在"学习习惯培养"专题研究过程中,出现了评价缺失的问题。按照要求,学生对自己每天的学习情况进行登记,但缺少有效的监督评价机制,部分自觉性不高的学生随意填写表格。经过讨论,增加了组长评价当天学习的项目,并邀请家长配合监督在家的学习情况,更好地促进学生参与活动的积极性,提高专题研究的实效性。

4. 评估效果

方案实施一段时间后,通过与学生谈话、与科任老师和家长沟通、观察学生课堂表现等形式追踪了解专题研究的实施效果。

"学习习惯培养"开展研究一段时间后,通过作业情况、课堂表现、精神面貌、学习态度等项目评估专题活动的实施效果。我发现学生们参与活动后,对学习习惯有了更加深入的认识,基本上达到学习的要求,95%的学生能够坚持做到课前预习、课中认真听讲、做好课堂笔记、课后及时复习、独立完成作业的习惯。科任老师也反映学生参与课堂活动的积极性有所提高,专注度有很大提高,证明该专题活动的开展引发学生开始重视学习习惯的培养。

5. 总结提升

专题研究结束后,继续跟进学生的行为,验证专题研究的正确性和有效性。同时,要及时总结研究过程中的优势和不足,提升研究深度,形成可操作性的策略,继续丰富和完善研究结果。专题研究"学习习惯培养"结束后,从学生的心得体会可以看出,他们对于此类专题活动持欢迎态度,普遍认为参与活动后认识到学习习惯对于自身成长的重要性,了解了基本的学习方法策略,基本上养成了学习习惯，对以后的学习奠定了基础。最后，根据研究过程中的实际操作，确定如下策略：问卷调查了解情况、意义讨论引起重视、表格登记落实计划、小组监督强化跟踪、家长配合寻求支持、方法推广学习榜样、总结反思落到实处、小组评比确保坚持。

四、专题研究应注意的问题

班主任进行的研究与专家们的研究有所区别，研究问题来自于日常教育教学的任何问题，研究途径可以是任何非正式的探索方法，包括做笔记、写日记、谈话记录以及保留学生的作品等。专题研究是选择一个主题，以较为系统的方式寻求问题的解决，也需要注意一些事项。首先，在研究中做到少而不泛，努力解决一些突出、有共性的问题；小而不浅，务必努力做到小题目深研究；专而不滥，努力探索问题的根源；精而不粗，努力达到预期效果。同时，专题研究要具有超前意识，做好班级发展规划，预设问题出现的时间。在平时工作中要注意观察班级情况，多与班干部、科任老师沟通了解班级动态，及时发现问题，提前设计好专题研究的项目，做好准备。其次，专题研究要具有主体意识，充分发挥学生的聪明才智，调动学生的积极性，邀请学生参与方案的设计，增加学生感兴趣的活动，选择学生接受的方式开展活动，激发学生的参与兴趣，提升活动的效果。第三，专题研究要具有成果意识。研究过程中，班主任要及时记录现象，详细描述所看到的情景，然后反思分析原因，寻找对策。要注意资料的收集和保存，以备后期的总结提升。

作为一线班主任的研究，专题研究更灵活、更实用，对班主任的专业发展有着铺垫作用、提升作用、推进作用，是一种实效性很强、价值很高的研究，是一种值得广大班主任尝试的研究方式、工作方式和生活方式。

班主任的专业成长，可以借助开展专题研究的形式，不断扩展知识储备，促进教育思想观念更新、教育方式方法创新，提升班主任解决问题的能力、管理能力，加快专业化步伐，成为一个富有教育个性的班主任。

依托团队力量提升班主任专业能力

班主任的专业发展是时代、社会和国家发展的需要。班主任队伍建设是学校发展的重要部分，班主任在学校所承担的任务、扮演的角色、所处的位置决定了他们的重要性。班主任的能力提升是做好班主任工作的前提，是德育工作得以顺利开展的保证。提升班主任的专业能力，打造一支优秀的骨干班主任队伍，是学校发展的迫切需要。广州市番禺区大石中学根据本校实际情况，组建了学校班主任工作研究小组，有效发挥团队的力量，迅速提高学校班主任的参与热情和研究热情，带动全校班主任的专业成长。

一、发挥班主任工作研究小组的团队力量

班主任专业能力的提升，是一个善于学习、敢于尝试、勤于总结的过程。班主任工作研究小组成为班主任专业发展的一个支点、一个平台，学校班主任以这个支点为中心，逐步认同班主任发展的必要性，从围观到参与，从了解到理解，从认同到融入，逐步参与到工作小组组织的活动中，逐步承担各种任务，借助团队的力量，逐渐将实践积累的经验由深刻的反思转化为自身的教育理念和教育方法，形成涟漪圈式的自主发展态势。

组建班主任研究小组，完善架构，明确分工。学校采取班主任自愿报名和年级推荐的方式组成班主任工作研究小组。确定研究小组的任务为协助学校开展班主任培训交流，指导各年级班级常务管理工作的开展，出版每月的《大石中学班主任》，协助学校德育课题的审批、指导、评价，协助学校德育组开展各项工作。同时，设置绩效考评小组、课题指导评价小组、班会课设计指导小组、班级

建设指导小组、案例研讨小组、专题研究小组，方便开展具体工作。

各小组开展工作，各司其职，组织活动，提升能力。课题指导小组组织班主任积极申报各级德育课题，指导开题，协助课题研究；班会课设计指导小组组织班会观摩课，课前进行小组集体备课，鼓励年轻老师主动承担，课后组织听课老师评课，上课的老师写课后反思；班级建设小组组织优秀班主任经验分享，推广成果经验；案例研讨小组组织每月案例分析，收集意见，集众所长，寻找解决问题的策略措施；绩效考评组结合班主任日常工作和各项考核指标评价班主任；专题研究小组鼓励小组成员针对自身班级建设中出现的某个问题或专题，寻求理论依据，设计方案，开展实践研究，形成和完善自身班主任工作的做法，并将实践经验转化为文字，最终形成具有个人特色的专题研究报告。

二、发挥《班主任报》的交流分享作用

班主任工作研究小组的重要任务之一是编写班主任校本培训教材——《班主任报》。各小组负责将当月开展的活动形成文稿，作为校报的主要内容。编辑负责约稿、审稿或者撰写以及编辑排版当月校报。组长审稿后负责印刷，然后分发到各级部，学校行政和全体班主任人手一份，学习反思，借鉴提升。

《班主任报》的栏目主要分成以下几个版块：

班级特色管理：介绍优秀的、具有特色的班级管理方法及策略，推广成功的、有效的班级管理模式。

优秀班会设计：结合学校的德育计划，研究小组集体备课，打造精品课例，每期刊登一个优秀的主题班会设计供全校的班主任参考、学习。

每月工作指引：结合每个学段的学生特点分析，制定教育策略，罗列当月班主任工作要点，指引班主任有效开展工作。

案例研讨：每月抛出一个案例，全校的班主任以纸质形式写下自己的分析和思考，集思广益，然后整理成集。

德育视点：宣传德育理念，展示学校德育活动、班主任培训报道等，开阔班主任视野。

教育叙事：记载班主任的成长故事、教育感悟、教育随笔等。

班主任心声：交流心得，交换观点，反映工作中遇到的疑惑和疑难。

《班主任报》受到班主任的欢迎，自2010年3月至2015年11月一共出版了40期，并汇编成《班主任合订本》，刊登的文章达200多篇。全校近60%的班主任和全体行政领导积极投稿，体现了教师的参与热情以及对校报的认可。

《班主任报》给班主任提供了一个工作研讨的平台。通过这个平台，班主任针对实际工作中的问题，积极撰写文章，发表自己的见解和意见，取长补短、互相学习、互通有无、互帮互助，逐步归纳整理工作技巧和方法，提高工作效率和工作质量。《班主任报》是班主任自主发展的载体、平台和成果，是班主任畅谈心声、交流心得、分享经验的精神家园，为班主任搭建展示、交流的舞台，为班主任的成长提供了学习、交流、实践、反思的途径，传递了教育理念和信息，影响了一大批班主任，带动了班主任的参与热情，促进校际间的交流，扩大了学校的影响。

三、逐步形成自主发展意愿

班主任工作研究小组的组建和运作带动了年轻班主任迅速成长，提升了学校班主任的整体素质，培养了一批年轻的骨干班主任。在研究小组中，班主任通过学习别人的理念、反思自己的做法、借鉴他人成功的经验，实践后不断反思、总结，以实践积累经验，以反思促进成长，以科研提升能力，不断提升自己解决问题的能力，提高了专业水平，逐渐形成自己的工作特色和研究方向。许多班主任都已确定了自己的研究方向，逐步形成了"体悟式班会课""基于年级特点的主题教育""人际交往系列主题活动设计""'感恩有你'系列班级活动设计""班级管理中的小组合作应用研究""'烹出人生好味道'班级活动系列设计"等专题教育成果。班主任积极申报课题，开展课题研究，提高理论水平和实践能力，近30多位班主任参与到省级课题《班级管理中的课室博客应用研究》和《基于年级特点的初中主题教育实践研究》、市级课题《城乡结合部初中女生教育活动形式的研究》和《中小学课外主题教育活动设计与实践研究》，以及区级课题《体悟式主题班会设计与研究》等5个省市区级课题研究中，科研能力大幅度提高。从2012年到2018年，学校参加省、市、区、片各类比赛获奖人数达14人次，成立了三个北片特色班主任工作室和一个广东省名班主任工作室，有10多位教师被评为广州市优秀班主任，1位教师被评为广州市骨干班主任，1位教师被评为广州市名班主任，1位教师被评为广东省名班主任。

营造了良好的德育氛围，扩大了学校的影响。学校举行的省市区级德育活动达10多次，其中广东省中小学名班主任工作室（初中组）中期展示、广州市德育特色推介会、广州市首批名班主任工作室中期展示以及番禺区优秀文化班级展示暨番禺区名班主任工作室中期检查等活动均在学校举行。各兄弟学校到校交流学习近20多次，其中有南海桃园中学、湖南国培骨干班、东莞寮步镇骨干班主任、白云区明德中学、无锡市梁溪区教育局和深圳横岗中学等。2015年10月至12月，贵州校长团分五批共400人到大石中学考察交流。中小学德育杂志和《语言文字报》都对学校的德育工作做了报道，广东广播电视台、广东教学报、信息时报、番禺电视台等媒体也对广东省名班主任工作室进行了多次报道，学校被评为省德育示范学校，许多学校纷纷慕名前来交流观摩。

班主任工作研究小组本着"自主发展，合力提升"的初心，为促进班主任工作研究和实践服务，关心青年班主任的成长，带动班主任群体提高对班主任工作的研究热情，改进班主任工作，提高班主任队伍素质和教育管理水平，进而提升学校德育工作水平。

小组互助提升研修能力

作为一个自发组成的班主任团体，广州市番禺区北片班主任研究会成立之初就以"团结互助提升工作能力，精诚合作服务北片德育"为发展宗旨，遵循"团结意识、服务意识和创新意识"，以小组形式开展研修活动，实现"互助共研获取知识，互助共进分享知识，互助共赢创造知识"，促进本区域班主任之间的交流、研讨、学习，努力探索一条有效提升班主任工作水平和能力的改革之路，帮助北片广大班主任走专业化道路，提高工作幸福感，最终服务于本区域德育工作。

一、小组互助共研获取知识

研究会将参与进来的七十多位教师按照学段分成十多个小组，以小组为单位共同阅读，整理设计班会，开展专题研究，培养教师的学习能力，提升教师的实践能力，提高教师的研究能力。

共同阅读书籍，培养教师的学习能力。研究会不仅要求小组成员阅读有关专业知识的书籍，还要求小组成员阅读名师名家和教育哲学的相关书籍。从阅读中，教师不但可以掌握方法、原则和策略，还可以借鉴成功案例增长实践经验，为现实工作寻找理论支撑。

收集、整理和设计班会课，提升实践能力。我们将班会课教育过程设定为情景引入、提出问题、解决问题和拓展延伸四个环节，班会课的形式包括故事、小品、讨论、辩论、访谈、演讲、心理游戏、比赛和活动体验等。最后，我们集中把班会课案例刻录成光盘，分发到北片各中小学，为班主任提供教育参考，减轻班主任工作负担，实现区域资源共享。研究会组织教师收集、整理和设计班会课，让教师在观摩、操作中提升组织班会的实践能力。

开展专项研究，提高研究能力。我们成立了班级建设、班级活动、班会设计和学生常见问题四个专项研究小组。每个专项小组在组长的带领下，有针对性地选择素材，就相关感兴趣的话题展开研究，在理论学习和教育实践相结合的基础上形成专题报告。研究会每学年组织一次全片的班主任工作专题讲座，各专项研究小组教师负责总结汇报研究情况，推广班主任工作的新成果、新经验。

二、小组互助共进分享知识

麦尔克姆·诺尔斯的成人学习理论认为，成人学习不仅重视自己的经验，还注重经验对自我身份的意义，当自己的经验被大家重视，就会认为是自身价值的体现。研究会组织成员以小组的形式到北片各学校开展研讨交流活动，既可以有效指导各学校的班主任工作，又给了研究会的教师展示自己能力的机会，有效促进班主任工作质量的提升。

1. 立足需求，分组负责

每个学期初，北片各所学校根据自己的需要填写《活动申请书》，填报活动时间、活动形式和活动内容等。根据学校的申请，研究会按照专长和研究方向将成员分成十多个活动小组，每个小组3~4人，指定一个组长，组长做好组内任务的安排和统筹工作，按照各所学校的需求准备研讨活动。

2. 明确任务，积极准备

第一，组长通过建立讨论组对任务进行分配；第二，组长负责开展相关的研讨活动，帮助教师打磨、修改设计以及制定个性化的班会设计方案；第三，组长与组员对方案的可行性进行分析，具体对理论依据、策略运用与操作步骤进行逐项论证；第四，组长组织成员研讨沙龙活动，为会议做足反馈工作。

3. 重视过程，关注效果

在活动过程中，组长和组员要通过主动讲述自己的观点，带动其他教师参与研讨，确保参加活动的教师都有发言的机会，从参与中体会到活动的意义和作用。研究会在活动结束后回收《活动反馈表》，为下次活动的组织与开展获取经验，并在一周内上传活动照片和小结到研究会QQ群，实现资料的保存和资源的共享。

三、小组互助共赢创造知识

学习型组织理论指出，成员之间能够运用系统的思考方式，通过团队学习互相交流沟通，勇于超越自己，实现共同抱负。小组互助式研修活动在学习型组织理论的指导下，充分发挥小组互助的团队合作精神，激发群体智慧，创新活动形式。研究会组建了两批共24个特色班主任工作室。特色班主任工作室建设周期两年，依照"有目标、有特色、有成果"的原则，以"打造专业团队、探寻工作特色、力争影响辐射"为目标，希望成员通过团队共同研修学习，走上专业研究的道路，不断提高综合素质和工作效能。

每个工作室的成员由本校班主任或北片各学校班主任组成，一般不多于5人。主持人是团队的核心，由小组长担任。主持人要带领成员定期、定量开展有特色的班主任工作研究。在研究会的统筹安排下，特色班主任工作室开展的活动多达200多场。24个工作室也逐步形成了各自的研究方向和研究特色，如"如何与家长的有效沟通""体悟式主题班会研究""辅导式主题班会""发掘身边的故事""自身教育"等班主任工作方式方法脱颖而出，成为班主任工作的新亮点。特色班主任工作室的建立是小组互助式能力提升研修活动在实践上的一个新尝试、新起点，也是一个新征程。

得益于小组团队的互帮互助、共研共进，北片班主任迅速成长，工作水平和能力得到了大幅度的提升，班级育人效果明显提升。同时，北片班主任在各级各类比赛评选中脱颖而出，其中有4位班主任在广州市班主任能力大赛中获一等奖，有7位班主任被评为广州市名班主任，有2个区级名班主任工作室、1个省级名班主任工作室。

《中小学德育工作指南》指出，我们要重视德育队伍的培养与选拔，要有计划地培训德育干部、班主任，组织他们学习党的教育方针、德育理论，提高德育工作的专业化水平。小组互助式研修活动帮助研究会成员提升工作能力，班主任能在工作中更好地了解学生，与学生、家长和同行有效沟通表达，提高班级管理的有效性和实效性。研究会成员在"助人自助、服务他人、提升自我"的过程中实现了个人能力提升与团队目标达成的和谐统一，为北片培养了德育后备人才，促进区域班主任队伍建设，为区域德育工作的开展提供了有力支持。

第八章 团队发展

班主任是教师队伍的先锋队，保证了教育质量与教育方向。培养出更多的优秀班主任，就有更多的学生能够受益。带领工作室和研究会的教师开展研究和培训工作，唤醒专业意识，激发善意和潜质，成就班主任的专业人生。

共建共赢，共创辉煌

名班主任工作室是一个加强对班主任工作规律研究和推广优秀经验的团体，集研究与培训于一体，是专业发展的领头羊、火车头，是骨干班主任成长的摇篮。工作室的建设和发展需要明确一个定位，认识发展的两个阶段，遵循三大原则，处理好四大关系，主持人更需要发展自己的"五力"。工作室的发展需要团队每个人的积极参与和努力付出，在共同建设中收获成长、收获成功、共进共赢，一起创造辉煌的成就。

一、工作室的一个定位

工作室是一个助人自助的专业团队，班主任要在合作中共同成长。工作室为各班主任提供了支持和身份认同，提供一种关系，形成一种氛围，使班主任可以借用这种关系和氛围实现助人自助的成长。

这个专业团队需要有自己的发展方向、发展目标以及发展理念。在建设初期，工作室主持人要带领团队认真思考，对工作室的发展做好全程的规划和设计，也可以在建设的过程中不断总结、反思，逐步调整，逐渐明晰工作室的方向、目标和理念。这个专业团队需要拥有共同理想和集体责任，在共同的教育理想和职业愿景的感召下，大家凝聚在一起，通过实践反思、专业学习和经验共享，相互滋养，为实现既定目标努力奋进。工作室组织各种研讨活动，开展培训活动，进行各种研究活动，发挥优势帮助其他班主任发展。在帮助他人的同时，也迅速提高了自己的各项水平和能力。

这个团队要让成员看到希望、拥有机会。加入一个团队的人都有自己的想法，都希望能够在这个团队中增长知识、提高能力。工作室就是造梦大师，要让成员看到希望、拥有梦想，并且可以圆梦，让每个成员都有收获。工作室应该为成员提供各种机会，让每个成员都有机会参与各种活动。每个成员在完成任务中挑战自我、提升意识、提升能力、提升水平，提高个人价值。

二、工作室的两个发展阶段

工作室的成长有一个从无到有的建设阶段，还有一个从有到优的发展阶段。建设阶段包括基础筹备阶段和常规形成阶段，发展阶段包括联盟互学阶段和品牌打造阶段。工作室需要明确每一个阶段的特点与任务，还要认真做好各个阶段的过渡工作。

建设阶段中的基础筹备阶段要尽快做好基础工作，比如确保人员的到位、制定团队各项规则制度、初步拟定工作方案等。比较重要的是尽快确定研究方向，可以让团队每个成员都提出自己的意见，参考已有的研究成果，也可以配合学校的研究以及结合区域任务来确定研究方向。

建设阶段中的常规形成阶段要充分发挥工作室的影响和辐射作用，通过开展各种活动产生影响力和辐射力。可以考虑从主持人到成员和学员、从工作室到工作坊、从班级到学校、从学校到区域的逐级、逐层、逐步影响，带动更多教师参与到活动当中。同时，工作室需要有宣传意识，利用各种媒介宣传工作室的动态和活动；需要有成果意识，做好资料收集工作，定期把资料汇编成册，及时总结阶段成果。

发展阶段中的联盟互学阶段需要联合其他工作室一起研究，互通信息，共享资源，可以考虑以分区域、分学段、分研究方向的形式开展联盟式的互学互助模式。借用各工作室资源，多开展工作室间的学习和交流活动，以开放的、共同进步的心态交流自己的心得体会，学习兄弟工作室的优秀经验，实现资源共享、信息互通、互助共进。

发展阶段中的品牌打造阶段需要在前期工作的基础上积极深入研究，发展特色。组织活动上做到从多到少、从少到精，研究上从大到小、从小到尖，明确定位。工作的开展要以既定方案为准则，以工作室的研究方向为中心，积极探讨工作室的特色，考虑如何将工作室的日常工作和特色发展结合起来，打造自己的品牌。

三、团队建设三大原则

工作室是一个民间团队，有着自发形成团队以及自主参与活动、自主发展的性质。一个团队的建设和发展离不开建设的原则。工作室作为一个由优秀教师自发自愿组成的团队，需要遵循"以人为本、和谐沟通、合力共存"的原则。

以人为本是团队得以良好发展的基本要求。工作室的教师来自不同学校，有着不同的特点与性格，各工作方式以及处世习惯均有差异。团队负责人要兼顾到大家的特点，在布置工作和安排任务的时候要充分考虑到工作难度、完成时间对于各人的影响，坚持以人为本，尊重每个教师的个性，体谅每个教师的难处，照顾每个教师的情绪，充分体现为共同目标共同奋斗的意愿，发挥各人的优势，一起努力把工作做好。

和谐沟通是顺利完成任务的保证。在建设与发展中，工作室开展各种各样的活动，组织多种培训与展示，工作中会出现需要细心处理的问题，团队需要和谐沟通，保证工作的顺畅和完成。在互相信任的基础上，本着达成团队共同愿景的目的，保证沟通的顺畅，主动提出自己的见解和意见，虚心听取他人的解释，耐心寻找解决问题的思路，齐心制定策略，一起学习，一起努力，一起解决遇到的问题。

合力共存是团队发展的基础。任何一个事物的发展都有一个过程，只有团队的每个人都抱着为团队奉献自己一份力的意愿，齐心协力，共同努力，才能朝着既定的目标坚持走下去。马克思认为，一个人的发展取决于和他直接或者间接进行交往的其他一切人的发展。工作室应该是一个大家可以开心快乐共事的精神家园，在这个精神家用里，大家拥有共同愿景和共同目标，共同学习，一起分享快乐，分享人生的趣事和收获。

四、团队建设处理四大关系

工作室需要有合作意识，需要处理好各种关系，其中与上级行政部门、所在学校、专家团队以及工作室成员的关系至为重要。

处理好工作室与行政部门的互动依赖关系。工作室首先要完成上级交给的任务，为区域发展提供服务。具体来说，可以协助开展问卷调查，了解情况，为上级制定策略提供参考意见；可以提供培训方案以及对于区域发展的思考，并汇报请示工作；可以主动配合各项德育工作的开展，在完成任务中提升主持人和各位教师的管理能力、组织能力、协调能力和沟通能力。

处理好工作室与学校的互惠依存关系。工作室挂靠于学校，学校是工作室的坚强后盾，为工作室配备办公的硬件实施，提供必要的人力物力支持并给予工作上的配合。工作室除了必要的日常工作的汇报请示和征求意见，还要取得学校的信任和支持。墙内开花墙外香，工作室不但要带动区域班主任的发展，更要带动本校班主任的参与热情，对本校班主任做出实际工作的指导，帮助班主任解决一些实际工作难题，扩大学校的区域影响力。

处理好工作室与专家的互信依托关系。专家的专业指导是工作室建设得以健康、持续发展的保证。工作室要在提出建设和发展方案后，主动邀请专家给工作室把脉，在专家的指导下共同商定研究方向。在建设中，工作室及时反馈情况，取得专家的支持，以便及时调整方向或者理顺工作中存在的问题，专家的专业支持为工作室更好的发展打下坚实的基础。

处理好工作室与成员、学员的互助依靠关系。工作室发展需要成员和学员的全力配合和支持，要充分利用自身资源，营造平等互助的氛围，帮助成员和学员激发工作热情，端正工作态度，发挥各自优势。依靠团队自身的力量共同建设好工作室，实现团队的专业成长。

五、团队主持人的五力提升

一个人走得快，但不一定走得远。一群人走得远，但一定需要一只领头羊。主持人需要培养自己的胜任力、决断力、贯彻力、亲和力和创新力，带领工作室的全体成员以及学员潜心研究、积极组织、开展活动，朝着同一目标迈进，把工作室搭建成一个可操作的、催人奋进的研修平台，实现优质教育资源共享，促进班主任建设均衡发展和班主任素质的整体提高。

主持人的胜任力是团队建设与发展的重要保证，由专业能力和领导能力组成。工作室是一个专业团队，主持人的专业水平需要在研究中得到持续提升，需要在不断反思实践中走到一个比较高的层次，需要在带领大家进行研究中得到认可。主持人的领导能力是团队工作得以顺利开展的基础，主持人需要在工作室的建设过程中不断学习、改进自己的领导风格，依靠自身的品格和智慧的力量提升自己的领导能力。

主持人的决断力是团队发展的决定力量。工作室的建设和发展会遇到各种各样的问题与难题，主持人需要有解决问题的果断和勇气，不能无限期拖延或者含糊不清的表态。对于不正确的决定要当机立断给予否定，对于认定正确的决定要有无条件执行的决心和毅力。

主持人的贯彻力是团队工作开展的重要保障，是团队完成工作的保证。主持人要通过主动沟通促进团队成员对工作的理解和支持，通过积极协调保证迅速解决工作过程中出现的各种问题，通过及时反馈评价成员的付出与努力，通过及时帮助改进工作中的不足，调整策略，通过建立核心团队提高贯彻力。

主持人的亲和力是团队凝聚力的基础。加入团队的成员都有一个成长的意愿，但也有不一样的性格和处事方式，需要主持人更加耐心的指引和认同。管理学家德鲁克说："管理的本质是激发人的善意和潜能。"工作过程中难免会出现失误或者延误，主持人要本着以人为本的原则和精神给予他们更多的时间和空间，换位思考，从成员工作量等因素考虑到他们的难处和需求，尊重成员的要求，理解他们的难处，和他们一起解决工作问题，激发他们为团队服务的善意和潜能。

主持人的创新力是团队内在素质、竞争力的保证。工作室的建设和发展不能面面俱到，要抓住重中之重，实现关键性成长。主持人要明确在全面规划的基础上做最重要的事情，重点突破关键领域，才能脱颖而出、推陈出新，拥有自己的特色和品牌。

工作室的发展需要团队的每一个人做好心理准备，秉承务实创新、积极进取的宗旨，共同努力、共同建设、共进共赢，才能实现工作室的共同发展，发挥工作室的引领、示范和辐射作用，带动更多班主任参与到班主任工作研究当中，提升班主任的工作水平和能力，提升班主任工作效能，为办好人民满意的教育奉献自己的一份力。

"三维一体"工作室发展模式

中共中央、国务院公布了《关于全面深化新时代教师队伍建设改革的意见》提出，为深入贯彻落实党的十九大精神，造就党和人民满意的高素质、专业化、创新型教师队伍。教师队伍建设被提到一个前所未有的高度。全国各省、市、区乃至校成立的各种班主任工作室、工作坊，实为高瞻远瞩之举。通过工作室、工作坊凝聚优秀班主任之力，实现以点带面，提高班主任的专业能力，加强班主任的队伍建设，带动班主任队伍素质的整体提升，许多工作室摸索出特色明显的发展模式。广东省中小学名班主任刘永志工作室在各级专家领导的关心引领下，结合区域班主任工作需求及特点，提炼出"三维一体"工作室发展模式。

一、"三维一体"发展模式概念

"三维一体"模式是刘永志工作室建设和发展的一种实践尝试。"三维"是指工作室主持人、工作室成员和学员以及区域班主任这三个维度的班主任，"一体"指的是班主任成长共同体。工作室通过构建班主任成长共同体这一目标的推动，探讨三个不同维度班主任的专业发展途径和模式，帮助广大班主任提升专业水平，体验职业幸福感，激发班主任自主发展，从而带动班主任群体的共同成长。

"三维一体"模式的提出有充分的理论依据及现实意义。马克思、恩格斯指出："一个人的发展取决于和他直接或者间接进行交往的其他一切人的发展。"班主任的成长除了自身努力之外，还需要依靠同伴的鼓励、支持和帮助，需要一个良好的成长氛围与环境。而工作室就是一个能够提供氛围与环境的团体，一个能够为不同层次班主任成长提供必要支持以及强大后盾的共同体，一个能够为处于不同发展阶段班主任提供最适合其发展需要土壤的成长共同体。

成长共同体为班主任提供了身份认同和能力支持。班主任借用这种关系，自觉地将自己与他人联系在一起，自觉地将自己纳入共同体，获得归属感和认同感，并通过自己的探究，形成与自我共生的关系，从而构建自我参与其中的共同体。班主任在共同体里互相学习、互相支持，每个人都能看到其他人的优势，并通过各种方法向其他人学习，在工作中获得成功的体验，在成功的体验中确定新的目标，求得更大的进步，从而解决自己的问题，实现个人成长。

二、"三维一体"发展模式构建

刘永志工作室以"自主发展，任务驱动，活动促进"为工作策略推进模式构建，实现"以主持人为核心，以成员和学员为重心，以区域班主任为中心"三个维度的纵向自我提升和横向互相支持的共同体的良性发展。

1. 发挥主持人的核心牵动作用

工作室成长共同体是班主任专业发展的火车头，工作室主持人就是这个团队的核心、领头羊、总设计师。工作室主持人刘永志老师充分发挥主持人的核心牵动作用，以过硬的业务水平和独特的个人魅力将广大班主任紧紧团结在一起，带领团队以务实高效、乐观进取、开拓创新的态度积极行进在班主任专业发展的道路上，朝着既定方向砥砺前行。

修身立德示范，凝心聚力前行。刘永志老师情系教育，一直担任班主任，形成了儒雅、睿智、从容的教育教学风格，不断加强自身师德修养，树立名班主任形象，积极发挥自身的示范辐射作用，提高影响力。刘老师先后接受中国青年报、广东广播电视台、广东教学报、广州电台和信息时报等多家媒体采访，受邀到广东广播电视台参加访谈节目，并担任广东省中小学名班主任工作室联盟副秘书长、广东省中小学德育研究会理事和广州市番禺区班主任研究会会长等职务。

制定规章制度，明确人员职责。为在规范中提炼特色、在特色中强化规范，刘永志老师制定了《工作室岗位职责制度》《工作室活动参与制度》《工作室室场管理制度》和《工作室专业发展管理评价细则》，实行制度管理、量化管理、量化评比、规范要求，使得日常管理有章可循、有规可依。

探索发展途径，引导专业提升。刘永志老师和各位成员共同探索从"示范型班主任"到"引领型班主任"再到"专家型班主任"的三级梯度专业发展途径和模式，引导班主任专业提升。成员在读书体会、班会设计、个案研究、教育叙事等方面提升自己，能组织活动、说好课、评好课，在专业发展上达到第三个梯度，成为"示范型班主任"。成员建立工作室或者工作坊，在学习提升、带动引领和影响辐射三方面发挥示范引领作用，在专业发展上达到第二级或者第一级梯度，成为"引领型班主任"或者"专家型班主任"。

2. 激发成员和学员的重心带动作用

工作室的成员和学员是成长共同体中的重要生力军，要发挥自己的重心带动作用。每个成员和学员都能明白共同体的价值和方向，在团体中不断证明自己存在的理由和意义，在活动中体验成就感。

在学习实践中提升专业素养。我们强调班主任要大量阅读有关本体知识、名师名家以及教育哲学书籍，以期提高理论水平。同时，实践出真知。我们要求成员和学员需要经常参与各级培训研讨活动，每学年组织一次校级以上活动，承担一次校级以上的专题讲座或公开课，每学期深入研读至少一本德育或心理健康专著，至少设计一节优秀班会课，每月撰写一篇教育叙事、教育随笔或者读书心得。

事实证明，自主学习实践反思收到了良好的效果，各成员、学员找准了发展优势，确定研究方向，提炼个人特色。经过努力，28位教师提炼形成了"体悟式主题班会""故事感悟型主题班会"等有个人特色、育人成效明显的班主任工作成果，专业发展走上了新台阶。

在完成任务中提升工作能力。工作室要求各位教师努力完成协助以及组织各种活动的任务，力求在完成任务过程中提升自己的组织能力、协调能力、沟通能力和表达能力。

组织活动的教师要做好各项工作。活动前，确保各种准备工作人员责任到位，如果是班会课研讨活动，还需要帮助科任老师磨课，严格把关班会课质量；活动中，要组织参加研讨的教师积极参与讨论、发言；活动后，及时打包上传班会设计、课件、照片、通讯稿、科任老师上课心得或反思等活动资料到相关群文件。

协助活动的教师要积极担负起协助任务。主题研讨前期，要了解研讨主题相关内容；分组研讨活动中，要鼓励和带动参加活动的教师积极参与，发表自己的意见，陈述自己的观点，并做好记录；研讨活动后，汇总小组各位教师的意见，做好小组研讨汇报工作。

在研讨交流中推广成功经验。工作室成员和学员要发挥专业指导和带头示范作用，介绍和推广自己的新做法、新经验和新成果，带动更多班主任一起进步和成长。

工作室要求成员和学员创新班主任工作，针对班级建设、班级活动、班会设计和学生常见问题等内容展开专题研究，形成有理论依据和实际操作意义，并能解决实际问题的案例，形成专题报告。然后以专题讲座的形式展示介绍自己的做法，促进班主任工作经验的推广，讲座对象涵盖全省各地及部分其他省份的班主任。

3. 重视区域班主任的中心互动作用

班主任了解到工作室开展研讨活动的初衷和意义，重视了研讨活动对自己工作的帮助和对自己工作能力提升的意义，逐渐参与并融入到这个成长共同体中，积极互动起来，充分体会到与大家合作给自己带来的喜悦和成功，才有为共同愿景付出努力和奉献自己一份力量的可能。这是一个漫长而值得期待的过程，工作室要通过一系列的活动吸引班主任。

观摩学习，提高积极性。通过观摩工作室举行的班会课活动、浏览博客以及关注公众号，广大班主任获得了更多交流和学习的机会，拓展了相关资源的来源，从而提高了学习的积极性，增强了进取的信心。

工作室定期开展主题班会研讨活动，多方面、全方位介绍成功班主任的优秀经验和做法。工作室开通的博客和微信公众号报道工作室最新工作动态以及德育动态，推送工作室成员和学员的培训心得、班会课设计、班会评课、工作室动态以及教育叙事、教育随笔等图文消息。

参与讨论，提升工作力。通过社交软件参与线上讨论，广大班主任扩大自己的人际交往圈，扩充自己的知识摄取范围，丰富自己的人脉资源，并可以寻求工作方法和策略支持，解决实际工作问题，提升工作能力。工作室开通广州市初中班主任群进行专题讨论，鼓励班主任将自己工作中遇到的问题大胆地讲出来，寻求优秀班主任的支持和解答。同时，班主任积极参与讨论，发表自己的见解，对工作中碰到的一些共性问题交换意见，相互学习，共同进步。

承担任务，融入共同体。通过承担工作室的任务，广大班主任表明了自己对成长共同体愿景的理解和接受，表达了自己对成长共同体历史使命的共同承担以及融入成长共同体的意愿。

工作室开展的各项活动、开设的各种宣传交流渠道，吸引了广大班主任的注意力，越来越多的班主任开始参与工作室的活动，逐渐融入共同体，主动申请承担任务的人数增多、范围扩大。许多班主任在完成任务之后，表达了自己由衷的感谢，从他们的字里行见可以感受到他们内心真实的想法和需要：

"这次上公开课是一次难忘的经历、一次成长的经历。今后我会继续多学习、多磨炼，努力成为一个学生喜欢、家长和领导都满意的优秀班主任。"

"工作室开展的活动给了我很多启示和指导，树立了我追求不懈的信心。相信跟优秀的人在一起，自己也会跟着优秀！"

三、"三维一体"模式运作效果

班主任专业发展团队从无到有，逐步进入模式构建的时期。每一种探索都是为了更好地发挥专业团队的影响辐射作用，做到作用最大化、效果最优化，最大限度带动本区域班主任队伍的建设，带领本区域班主任的进步。刘永志工作室倡导构建在主持人、成员和学员以及区域班主任三个维度上纵横向交替深入发展的班主任成长共同体，连接广大班主任，通过开展各种研讨活动，实现自我反思和交流学习，努力提升自己的教育教学效能，为共同愿景努力前行。

1. 服务本区域班主任，促进班主任队伍建设

在刘永志省工作室统筹下，逐渐形成所在区域内省、市、区、镇、校五级工作室、工作坊或者研究小组自主、协同开展班主任工作研讨的工作方式。工作室所在番禺区建立了全区主题班会公开课研讨制度。班主任工作研讨活动实现了从无到有、从有到优的递进发展过程，带动青年优秀班主任群体的迅速成长，有利于构建学习型班主任队伍，实现班主任专业化和教育质量的共同发展。

2. 创新研讨途径模式，培育优质研讨氛围

工作室积极创新活动途径和模式，探索班会+讲座、班会+研讨、班会同课异构、班主任沙龙以及微讲座、微班会等模式，尝试各种实用、高效的研讨形式，优化研讨氛围。有效的研讨途径模式、优质的研讨氛围增加了活动的趣味性，保证了活动的有效性，提高了班主任参与活动的兴趣，提升了班主任的投入度和专注度，推动班主任的工作创新，提高班主任的队伍素质和教育管理水平。

3. 提炼研究成果，努力打造品牌特色

（1）编印《初中班主任工作实用指南》。经过一段时间的沉淀和努力，工作室编著了《初中班主任工作实用指南》一书。该书为班主任提供了一套班级管理教材，减少了班主任的工作量，减轻工作压力；为班主任工作提供了一个范例，帮助班主任了解本学年班级工作的方向和策略，明确每月的工作任务，指导班主任更好地开展工作；还可以提高班主任处理班级事务的能力，提高工作信心和威望；带动更多班主任走上研究的道路，为专业发展提供了可能性，成为专业发展起步的阶梯。

（2）出版《初中体悟式主题班会课》。基于学生成长特点系统规划设计的《初中体悟式主题班会课》共有33个班会课，是学校德育课程的有效补充，对于班主任有效引领学生健康成长有一定的借鉴和参考价值。

（3）出版《爱心润泽，慧心化育》。本书汇编了工作室33位班主任的日常教育故事，33位班主任用故事的形式记录了自己与学生真实的感人生活片段。书中的教育故事充满了鲜活的生活气息，每一篇都是教育生活中的珍贵素材，值得每一位中小学班主任细读和借鉴。

四、"三维一体"发展模式展望

"三维一体"工作室发展模式中的三个不同维度班主任的纵向自我努力提升，为成长共同体的形成提供了可能；三个不同维度班主任的横向互相支持影响，则为共同体的形成提供了条件。只有多层次、多维度班主任的全方位参与，加上以丰富形式开展的各种研究活动，才能促进整个区域的班主任的交流与沟通、合作与提升，构建一个区域的班主任成长共同体，提升区域班主任的整体实力，继而实现区域班主任发展的专业化。

工作室还是个新事物，在发展的过程中肯定会面临越来越多的问题。我们要多思考，用我们的行动更好地诠释孟子的教诲——达则兼济天下，确确实实发挥工作室的最大作用，成为研究的基地、培养的摇篮、辐射的中心、精神的家园，有效服务于本区域德育和班主任工作，提高班主任的职业幸福感，发挥班主任在育人上的积极作用，肩负起培育下一代的重任。

"班主任成长共同体"创新发展路径

作为广东省名班主任工作室，刘永志工作室结合区域班主任工作的特点及需求，形成了"三维一体"的发展思路。"三维"即指工作室主持人、工作室成员和学员，以及区域班主任这三个维度的班主任；"一体"即班主任成长共同体。工作室通过构建班主任成长共同体，以目标推动三个不同维度班主任的专业发展路径，"以主持人为核心，以成员和学员为重心，以区域班主任为中心"，实现三个维度的纵向自我提升和横向互相支持的共同体良性发展。由此，帮助广大班主任提升专业水平，真切体验职业幸福感，激发班主任的专业成长自觉，带动班主任群体的共同成长。

一、以"三级梯队"成长愿景创新班主任专业成长路径

班主任的成长除了自身努力，还需要借助同伴的鼓励、支持和帮助，拥有良好的成长氛围与环境。现实生活中，每一个教师的成长历程和速度各有差异，所需要的成长养分也各有不同。工作室应该为不同维度班主任的成长提供必要的支持和强大的后盾，为处于不同发展阶段的班主任提供适合其发展需要的土壤。

基于这一思考，工作室为班主任的成长设置了三个阶梯：即示范型班主任、引领型班主任、专家型班主任（成长图式见表）。力求满足不同发展水平的班主任的个性化成长需求，为其提供适合的支撑，帮助班主任明确自身的发展方向与目标，不断完善自我，实现积极"进阶"。

工作室"三级梯队"专业发展路径

梯队	称号	专业特点	发展路径
三级	示范型班主任	具有教育情感，熟练掌握专业知识，具备自主提升意识	自主研修 专题研究 骨干示范
		能写好教育叙事，能设计好课、评好课、赛好课，能组织好研讨活动	
二级	引领型班主任	具有教育情怀，具有完善的专业知识，具备专业发展能力和引领能力，具有独特的个人风格	专题培训 引领辐射 主持工作坊
		能写好教育随笔，能上好示范课、做好讲座，能开展专题培训	
一级	专家型班主任	具备教育精神，具备研究精神，有自己的研究领域，在本区域具有一定的影响力	专项研究 主持工作室

"三级梯队"的阶梯递进式发展旨在帮助处在不同发展阶段的班主任准确定位，对班主任的专业发展历程及追求形成全面的认识，并明确每个阶段的具体发展任务和要求，从而根据自身需要设计详细的发展计划，开展有针对性的阶段性评价。

工作室结合日常活动内容，"三级梯队"量身定制了专业发展评价细则。评价细则以发展规划、培训、班会、讲座研讨和沙龙经验介绍、比赛、教育教学课题、文章发表、获奖等为一级指标，立足不同发展阶段班主任的实际，设计二级评价指标，并以不同级别的比赛活动或奖项等为三级指标。评价采用成员自评和主持人评价相结合的方式，引领班主任不断实现更多、更好的发展，脚踏实地实现阶梯式发展。

例如，"发展规划"这一指标细分为总体规划、年度计划总结两个二级指标，旨在督促工作室成员认真思考自身发展，形成系统的职业生涯发展思路。"培训"这一一级指标则分为参加、组织和主持培训参观三个二级指标，引导工作室成员从"围观"到"介入"再到"主导"，真正成为培训主体，切实提高培训效果，不断提升自身的专业发展能力。"讲座研讨沙龙经验介绍"这一指标则紧密结合工作室的常规专业成长活动而设置，以参加、组织、主持、承担相关讲座研讨为四个二级指标，为工作室成员指明发展路径，从基本的参与到成为讲座专家，逐渐成长为引领型、专家型班主任。

又如，针对中小学教师的常规赛课活动，工作室设计了观摩、协助、组织、主持、担任评委和点评比赛等七个二级指标。处在不同发展阶段的班主任可以对号入座，并心怀期待，逐渐实现比赛的深度介入，实现示范型、引领型、专家型班主任的阶梯式成长。

在实践中，"三级梯队"设计获得工作室成员的广泛认同，为成员提供了看得见、摸得着的成长愿景。三个维度的班主任积极参加工作室开展的各类专业发展活动，都能在活动中找到自己的位置，发挥自己的能力，更在互相学习和支持鼓励中看到其他人的优势，并通过各种方法向其他人学习。由此，教师在工作和活动中不断体验成功和进步，建立了自己的工作室或工作坊，自觉追求更高的成长目标，实现可持续性的成长。

二、以任务驱动引领教师实现自主发展

工作室以自主发展、任务驱动、活动促进为工作策略，注重以任务驱动引领成员的专业成长。工作室成员和学员是成长共同体的重要生力军，他们平时既承担着本职工作，又要参加工作室的专业成长活动，需要工作室明确任务要求，为其提供具体指引。在实践中，工作室每学期都会制订明确的活动计划，借助任务卡，驱动成员实现自主发展。

每个学期，工作室都会根据"三级梯队"的成长要求制定相应的任务卡（见表），指引工作室成员和学员根据任务卡规划自身的学习进程。在学期结束时，教师要填写任务达标卡，总结本学期的收获。

工作室任务卡

项目	内容	要求	目的
学习	读书	每学期读三到四本书	加强理论学习，开阔视野，拓宽眼界，交流学习分享，提高知识储备
	参加活动	参加工作室组织的研讨活动	
	参与QQ群研讨	每月至少参与两次在线讨论	
写作	文章、论文	每月一篇文章，每学期一篇论文	总结反思提升，提高发展规划能力，提炼个人教育特点
	工作室、工作坊计划和总结	有计划、有总结	
	个人反思	有内容、有观点	
组织活动	班会课	有方案、有总结，每学期至少组织一次活动	锻炼组织、沟通、协调、管理和调控能力
	讲座		
	研讨		
额外完成任务	经验介绍	有专题、有方向，鼓励教师积极介绍自己的工作经验，推广自己的研究成果	提高研究能力，提高自我表达、展示能力，提升专业发展素养
	参与论坛		
	讲座		

在具体任务执行中，工作室根据评价细则，为处在不同发展阶段的教师提出明确的工作要求。比如，组织活动的教师要做好活动前、活动中、活动后的各项工作，协助活动的教师要积极担负起协助任务，如鼓励和带动教师积极参与、做好小组研讨总结汇报等工作。

工作室根据"三级梯队"的成长愿景，设计了丰富多彩的活动任务，鼓励成员和学员积极参与、组织或主持各级培训研讨活动。比如每学年组织一次校级以上活动，承担校级以上的专题讲座或公开课，至少设计一节优秀班会课等。

这些任务可以说是跳一跳就能摘到的"桃子"，让工作室成员和学员找准了自身的发展优势，明确了研究方向，实现了个性化的发展。针对班级建设、班级活动、班会设计和学生常见问题等，工作室成员和学员展开了许多专题研究，总结具有理论依据和实际操作意义并能解决实际问题的案例，形成了专题成果。多年来，有28位教师逐渐形成了"体悟式主题班会""故事感悟型主题班会"等具有鲜明个性特色的班主任工作成果，其专业发展走上新台阶。在这些优秀班主任的带动下，更多的工作室成员开始以研究的眼光对待日常班主任工作，以高度的成长自觉促进自身的专业发展。

三、以研讨活动创新辐射带动区域教师成长

工作室"三级梯队"成长愿景为班主任提供了有效的成长路径，促进了许多成员的发展，从而吸引了越来越多班主任的参与。在活动中，工作室积极鼓励成员和学员积极发挥专业指导和带头示范作用，介绍和推广自身班主任工作的新做法、新经验和新成果，从而带动更多班主任一起进步和成长。讲座对象涵盖广州、顺德、东莞、梅州、惠州、连州等地以及贵州、广西和福建等其他省份的班主任。同时，工作室通过阅读、研讨、讲座、支教等形式，为班主任提供更高、更好的发展平台。班主任从小组分享到校际分享再到区域分享，逐渐从站稳到走稳再到高飞，得到了全方位的能力提升。

在此基础上，工作室积极创新研讨活动形式，尝试运用班会研讨、QQ群线上研讨、博客以及公众号推送文章等各种实用、高效的研讨形式，构建更加广泛的班主任成长共同体，带动区域教师成长。工作室定期开展班会研讨活动，多方面、全方位介绍成功班主任的优秀经验和做法。例如，工作室与从化区教育局联合，在从化七中开展的"初三毕业班备考规划"班会研讨活动，吸引了从化区初三班主任、工作室部分成员以及番禺区大石中学初三级行政人员、班主任等150人参加。观摩"心中的梦"主题班会后，班主任从学生特点、家长特点、班主任心态、班级规划等方面讨论毕业班备考的具体做法。最后，番禺区曾锦华老师做了题为《三点一线，一心为初三》的专题讲座，展示并讲解了"动态反思玩规划"新型备考课程，为班主任解决问题提供了有效范例和创新启示。

针对班主任工作繁忙、难以集中学习研讨的问题，工作室充分利用互联网和信息技术手段创新研讨活动形式，实现随时随地实时交流与分享。比如，开通广州市初中班主任群、番禺高中班主任群、番禺小学班主任群以及番禺班主任专业发展群四个工作群。定期开展线上研讨，每周由一个工作室或工作坊抛出一个工

作案例，由具体老师负责组织鼓励群内班主任参与研讨，分析讨论案例，提出解决方法，最后由负责人汇总形成案例报告，上传至群文件供班主任反思参考，实现资源共享。

同时，工作室开通博客和微信公众号，及时发布最新的工作动态，推送成员和学员的培训心得、班会课设计、班会评课、工作室动态以及教育叙事、教育随笔等。班主任阅读后纷纷留言赞誉文章，或分享自己的阅读心得。

各项研讨活动"基于班主任的需要，源于班主任的日常"，吸引了广大班主任的注意力，也引起了更多班主任的共鸣。越来越多的班主任开始参与工作室的活动，自觉融入共同体。如今，工作室的许多活动已经由最初的分配任务转变为班主任主动申请承担任务。

在"三维一体"工作室发展思路的引领下，逐渐形成了所在区域内省、市、区、镇、校五级工作室、工作坊或者研究小组自主、协同开展班主任工作研讨等个性化的工作方式，并创新探索班会+讲座、班会+研讨、班会同课异构、班主任沙龙以及微讲座、微班会等活动形式，班主任在"三级梯队"的成长道路上越走越宽广。

迈向专业自觉

百年大计，教育为本；教育大计，教师为本。我们要遵循教育规律和教师成长发展规律，加强师德师风建设，培养高素质教师队伍，倡导全社会尊师重教，形成优秀人才争相从教、教师人人尽展其才、好教师不断涌现的良好局面。目前，广州市番禺区班主任队伍建设正在番禺区教育局的领导下和番禺区中小学班主任工作研究会的带动下如火如荼地进行着。

一、定位和目标

番禺区中小学班主任工作研究会接受番禺区中小学德育指导委员会业务指导和监督管理。研究会设一名会长、四名副会长，成员由分布于番禺区各镇、片的14位区级名班主任工作室主持人组成。研究会分为小学、初中和高中三个学段，每段由若干个工作室组成。

研究会以"博学笃行"为工作理念，定位于唤醒班主任的专业意识，成就班主任的专业人生，立足于推进文化德育项目，支持服务番禺教育，以"深度学习、潜心研究、静心育人"为工作方式，把"为学生提供合适的教育"作为工作的出发点和落脚点，发挥省、市、区、片、校五级工作室联动作用，不断推进全区班主任共同的价值理念和教育追求，切实发挥班主任育人的重要作用，达到班主任队伍成才、学生成人的目的。

研究会本着务实创新、开拓进取的工作态度，团结全区中小学班主任，通过开展培训、研讨工作，积极探索中小学班主任队伍建设模式和班主任成长规律，研讨中小学班主任工作中的热点和难点问题，探索解决问题的方法和途径，推动班主任工作创新，研究、总结、推广班主任工作的新成果、新经验，改进班主任工作，提高番禺区班主任队伍建设的有效性和实效性，为促进班主任工作研究和实践服务，提高班主任队伍素质和教育管理水平，促进班级建设科学化，为开展现代班集体建设做贡献。

二、全局整体规划和分片区域发展相结合

根据番禺区教育局的教育发展规划以及德育科的计划，依托现有资源，结合各镇、片实际，拟定研究会的发展规划、工作模式和培训计划。建立工作室导师负责制，建立健全班主任专业培训队伍，积极编写各种工作指引，指导全区班主任开展工作，目前已编写《番禺区小学、初中和高中班主任工作指引》《番禺区初中、高中毕业班工作指引》《番禺区家访工作指引》《番禺区小学、初中和高中学生寒假生活指导》等二十多本汇编材料，并出版《中学新班主任入门》和《小学新班主任入门》两本培训教材。

坚定发挥以省、市、区工作室主持人为核心的团队奋斗精神，发挥主持人的引领示范作用，与镇、片班主任队伍建设对接，点面结合，接力传动，带动全区班主任专业素养提升。成立各镇、片和各校的工作坊，由导师指导各个工作坊开展行动研究、校本研修。目前，全区有1个省级工作室、5个市级工作室、14个区级工作室和130多个校级工作坊。在各级主持人的引领下，有效发挥班主任团队的带动力量，带动全区班主任的共同成长。

三、内部自主提升和区域培训提高相结合

研修分为内部自主提升和区域研讨活动两种形式。研究会下属的各级工作室按照自己的发展方案和计划开展自主研修提升活动，主要研修内容有读书和撰写教育叙事、教育随笔等，要求成员和学员制定个人发展规划，自主研修，参与工作室组织的各种活动，提升自己的工作能力。

同时，各工作室还要在研究会的总体规划中承担各种区级培训。比如，在广州市首届班级文化建设评比中，各工作室组织本镇、片班主任参加初赛，选送优秀作品参加区级比赛，然后再由研究会对获奖作品给予适当的修改意见，提高参

赛作品的质量。最后，番禺区选送的班级有3个被评为广州市班级文化建设示范班，有11个被评为文化建设优秀班。第二届班级文化建设评比再接再厉，番禺区有7个班级被评为广州市班级文化建设示范班，有15个班级被评为文化建设优秀班。又如，在区班主任能力大赛前，各工作室组织本镇、片班主任初赛，培训获奖选手，选送优秀选手参加区级决赛，极大地提高了区班主任参加广州市班主任能力大赛的质量。2014年第五届市赛中有3人获一等奖，2016年第六届市赛中有4人获一等奖，2018年第七届市赛中有3人获一等奖。其中，石碁中学的谢美云老师代表广州市参加第七届广东省班主任专业大赛获成长故事单项一等奖、综合二等奖。又如，2018年9月和2019年9月两次组织区小学一年级至高中三年级共4000多名班主任培训，帮助班主任了解学生的年级特点，了解教育策略，了解每月的基本工作，学习优秀班主任的工作经验，提高班主任的班级管理、班级建设能力。2018年10月至11月，全区1027位班主任参加了以各工作室主持人为主讲老师的新入职班主任培训。在六个半天的培训里，研究会为新班主任们安排了班主任工作常规与职责、班级管理与建设、班级活动、班会课、家校共育和个人成长规划六个专题培训，提高了新班主任对班主任工作的认识，激发了新班主任对工作的热情。

四、线下现场观摩和线上案例研讨相结合

研究会还积极改进培训内容，转变培训方式，紧密结合教育教学一线实际，组织高质量培训，实行线上线下相结合的混合式研修，使班主任静心钻研教育，切实提升班主任的专业水平和实践能力。

各工作室负责开展以本区域为主的区级班主任工作研讨活动，目前共举行了86期研讨活动，确定了班会课+讲座、班会课+专题研讨、同课异构、微型班会课等形式，定期开展专题研讨活动，系统探讨班主任工作中的主要问题。如2017年4月20日、5月17日、5月21日分别在大石中学、石楼中学和化龙镇中心小学开展了初中、小学和高中的"生命教育"专题研讨活动，为全区班主任提供了一次生命教育的分享交流机会。

从2018年4月开始，研究会在番禺班主任专业发展群开展线上的工作案例研

讨，共进行12期，每期研讨都由一个工作室负责组织。案例组织者提出真实案例，教师参与分析情况，提出各自的解决办法；案例组织者关注每个参与教师的发言，做好穿针引线的引导工作；研讨结束后，案例组织者汇总发言，总结解决问题的策略方法，上传总结到所在研讨群。2018年10月，研究会组建"番禺高中班主任""番禺初中班主任""番禺小学班主任1"和"番禺小学班主任2"四个群，同时开展工作案例研讨，全区近4000多名班主任参与每周的工作案例研讨。案例研讨帮助班主任更多地接触、了解学生的学习、思想、纪律和生活情况，掌握学生各种表现和动态；帮助班主任更全面地了解正确处理各种工作案例的方法，掌握正确的策略，帮助自己有效解决班级中常见的问题；帮助班主任在学会处理班级常见问题中提高带班能力，提高班主任的工作水平和能力。

"育人为本，德育为先"，抓好班主任队伍建设是"立德树人"的关键。番禺区教育局遵循教育规律和教师成长发展规律，加强师德师风建设，培养高素质的教师队伍，努力打造一支师德高尚、业务精湛、结构合理、充满活力的高素质专业化班主任队伍，有力促进番禺区中小学班主任的专业化发展。

参 考 文 献

［1］橙花.周星驰［M］.北京：华文出版社，2017.

［2］沃尔特·艾萨克森.史蒂夫·乔布斯传［M］.北京：中信出版社，2011.

［3］皮克·菲尔.气场［M］.重庆：重庆出版社，2013.

［4］猎鹰.我的特种兵生涯［M］.南京：凤凰出版社，2010.

［5］威尔·鲍温.不抱怨的世界［M］.西安：陕西师范大学出版社，2009.

［6］谢旺霖.转山［M］.桂林：广西师范大学出版社，2014.

［7］杨斌.什么是真正的教育：50位大师论教育［M］.福州：福建教育出版
社，2010.

［8］林逢祺，洪仁进.教师不可不知的哲学［M］.上海：华东师范大学出版
社，2009.

［9］刘儒德.教育中的心理效应［M］.上海：华东师范大学出版社，2013.

［10］黄济.教育哲学通论［M］.太原：山西教育出版社，2011.

［11］冯恩洪.创造适合学生的教育［M］.天津：天津教育出版社，2011.

［12］叶国芳.班级博客：构筑网络环境下班级文化新平台［J］.班主任，
2008（2）.

［13］王波.班级博客：学校德育的一种新方法［J］.中国德育，2007.

［14］张海.班级博客：网络环境下班级文化建设的重要载体［J］.上海教育科
研，2007（1）.

［15］王晓.班级博客在班主任工作中的作用探究［J］.教育技术导刊，2005
（11）.

［16］陈琦，刘儒德.当代教育心理学［M］.北京：北京师范大学出版社，2013.

［17］陆士桢.立德树人的内涵和方法［J］.人民教育，2019.

［18］刘贵祥，毛丽萍.班级心理教育活动课程方案的设计及价值取向［N］.运城学院学报，2014.

［19］林岩.班主任工作的策略与艺术［M］.北京：教育科学出版社，2011.

［20］徐群，朱诵玉.班级活动的设计与实施［M］.芜湖：安徽师范大学出版社，2013.

［21］傅建明.班主任工作手册［M］.广州：广东教育出版社，2009.

［22］张涛.乡村教师互助式校本研修共同体创新实践研究［J］.课程·教材·教法，2016（11）.

［23］刘国柱.互助式小组教学模式在数控车实训中的探究与实践［J］.课程教育研究，2016（24）.

［24］佐藤学.学校的挑战：创建学习共同体［M］.钟启泉，译.上海：华东师范大学出版社，2010.

［25］陈静静.跟随佐藤学做教育［M］.上海：华东师范大学出版社，2015.

［26］朱永新.新教育［M］.桂林：漓江出版社，2014.

［27］葛金国，吴玲，巫莉，等.德育新理念与班主任工作［M］.芜湖：安徽师范大学出版社，2013.

后 记

拥抱教育生活，享受教育快乐，与学生一起成长，一直以来都是我的工作座右铭。我要求自己不断提高为人素养和育人素养，力争在教育教学工作上用自己的责任心、爱心、耐心以及智慧不断创新工作，做一名合格的教师。

每个职业都有其职业道德、职业操守。作为教师，我深感肩上的责任重大。在平时的教育教学上不敢有丝毫的怠慢。我时常告诫自己，要以引导学生健康发展为己任。通过阅读，我向国内外的哲学家、思想家、教育家和心理学家学习，了解他们的教育思想，参考他们的研究成果，缕清自己的思路，理清自己的头绪，寻找适合自己又符合学生的教育策略和教育观点，随之开展实践研究，力求通过实践证实自己的选择是明智的，证明自己的决策是正确的，努力实现从"技术熟练型"教师向"反思实践型"教师的过渡，在阅读、反思和实践中致力于教育教学问题的研究和解决，在实践中提升自己的教育教学效能。

著名教育专家冯恩洪校长主张人的社会化和人的个性化和谐发展，强调合作在学生学习、发展中的重要作用。新教育创始人朱永新校长认为，教育最重要的任务是塑造美好的人性，培养美好的人格，使学生拥有美好的人生。华东师范大学李伟胜教授提出，在师生、生生交往中逐步解决发展问题的教育思路。受他们观点的启发，我以"交互共生"为教育思路，以"小主题，大活动，和谐德育"为教育形式，强调班主任对班级发展的主导性，突出班级活动中学生参与的主体性，注重师生、生生之间的交流、交往、交融和互动、互助，通过人际交往达到一种帮助过程、教育过程和增长过程，帮助学生解决成长过程中出现的问题，促进班级发展，追求师生身心和谐发展。与学生一起学习、一起活动，培养善性，发展善性，让每个学生都能幸福成长、幸福生活，成为真正的自己，能够为社会做贡献，让师生生活得更充实、更完善。

英国课程专家斯腾豪斯认为，教师参与研究，成为研究者，可以促进教师专业自主能力的发展，进而达到提高专业化水平的目的。在我二十多年的教育教学生涯中，通过学习、反思和实践，对教育教学有了零碎的思考，总想着能够更系统、更完善些，于是有了将自己平时写的随笔、感悟、笔录和小论文结集成书的想法。藉此回顾过往点滴，让自己更加坚定信念，要继续与学生一起学习、一起进步；展望未来发展，期待自己能以更坚实的步伐努力达成"至善"的目的，与人为善，教人向善，完善自我。

前行中，我有领导的厚爱和支持，有专家的指导和引领，有同行的关心和帮助，有亲朋好友的关怀和关爱。他们是赵福江先生、陈丽霞女士、韩东才先生、李季先生、王颖女士、高家方先生、汪永智先生、殷丽萍女士、王蕙女士、林冬桂女士、刘心愿先生、梁东标先生、蒋亚辉先生、黄利女士、戴育红女士、万华女士、伍清文先生、陈燕专女士、朱丽嫦女士、梁镜全先生、曾艳女士、潘展文女士、冯珊女士、袁方先生、何顺添先生、陈永健先生、徐高岭女士、郭镜华先生、黄雪萍女士、何爱莲女士、苏雪芬女士、吕蓉女士、关楚贤女士、邬浩强先生、邓铁文先生、梁茹女士、王培坚先生等，以及工作室、番禺区班主任研究会、北片班主任研究会和大石中学的老师们。我要感谢的人还有很多，难以一一尽列，在此一并表示衷心的感谢以及无限的感激！同时，借此感谢我所有可爱的学生，正因为和他们在一起，我的生活才变得更加多姿多彩，更加富足完美！

我更要感谢家人的支持，妻子冼雪玲担任学校工作，任务繁重，全力辅导孩子学习之余，还和我一起研究教育教学策略，给我的班主任工作提出了许多宝贵意见。爱女刘恩希时常邀我一起打羽毛球，她自撰的座右铭"人总是会有进步的"时刻提醒我，要坚信孩子成长的脚步是永远不会停止的。

一路走来，我有困惑、有辛酸，但没有眼泪，因为我坚信通过努力一定会成功；一路走来，我有收获、有感慨，但没有遗憾，因为我坚信正一步步走向成功！

与学生一起学习，与学生一起成长，明天的你我与今天不一样！

本书撰写的过程中，我参阅了部分资料，均罗列于参考文献中，如有遗漏，敬请海涵。本书的内容多为自己教育上一些不成熟的思考以及所教学生的心得体会，付诸铅字纯为激励自己。奈何天生愚钝、资质尚浅、阅历有限，书中观点难免有所偏颇，恳请读者斧正！